東京食器・

U0004928

太雅

目 錄

作者序、作者簡介 4

如何使用本書、編輯室提醒 6

附錄專題：日本發酵食品之源：**麴／糀** 212

附錄專題：滋養美顏，被稱為飲用點滴的甘酒 215

附錄專題：私釀梅酒，越陳越香 219

愛不釋手的器皿與雜貨
愛着が湧く雑貨

大正浪漫的杯裡滿溢著咖啡香 10

櫥櫃裡的長青萬古燒 16

褪去華麗衣裳的清水燒 22

雙手編織的溫暖鍋墊 28

綻放著紫陽花的陶杯 34

隨著稻穗搖曳的三島手燒 40

魚兒魚兒桌上游 46

穿著玻璃外衣的野田琺瑯 52

納於掌中的精美豆皿 58

日本飲食、文化的二三事
日本の生活と食文化

歷史悠長的飲食文化 66

日本家庭的常備菜肴 72

讓人饞涎欲滴的紅寶石 78

凝結了千萬滋味的小金塊 84

走進超市肉品櫃，一窺堂奧 90

新生青梅與陳年味噌交織出的風味 94

風格萬千的味噌湯 100

質樸溫暖的故鄉之愛 104

東京生活之兩人早午餐
ふたりの朝食風景

隨音符躍動的手風琴馬鈴薯 112

紅綠交疊的盛夏滋味 118

沉浸在黃澄澄的玉米田裡 124

以酪梨與鮮蝦在餐盤上做幅畫 130

拼湊出屬於自己的調色盤 136

美味又繽紛的珠寶盒 142

算計過的粉嫩好滋味 148

火烤的香氣，令人食指大動 152

躍升為主角的堅果小兵 158

綠色花束的獻禮 164

遊日別錯過的美食與市集
美味しいものと雑貨がある町

瀰漫著法國麥香的長棍 172

蒐羅日本列島美食之寶庫 178

令人流連忘返的二手市集 184

啜飲一口清甜的牛乳 190

以季節蔬果，施展麵包師傅的魔法 196

餘韻繚繞的香料氣味 202

傳承半世紀的羊羹物語 208

以塔西家的早午餐風景，認識日本二三事

本書是以塔西家的早午餐風景為主軸，從每張照片派生出數個小主題，除了簡單易上手的食譜之外，也介紹了在日本買到的餐具、道具及其歷史、特色；還有在日本生活觀察到的飲食文化、生活豆知識，以及喜歡日本雜貨的人可以尋寶的地方等。而抱著好東西要跟讀者分享的心情，也私心推薦了一些口袋名單。

因緣巧合之下，連絡上了張芳玲總編輯，原先完全沒有要出書的打算，但在芳玲的鼓勵及引導下，才慢慢替這本書找到了一個雛形。也因為一切來得突然，許多素材等都是事後才努力去蒐集；寫作過程中也領略到實體書籍與網路文章有著非常大的差異，尤其要怎麼在有限的字數內清楚並正確的表達出想要傳達的資訊，是個挑戰。謝謝湘惟主編細心地給我明確的指引，讓內容更有條理、資訊更加完整。

能完成這本書，我要衷心感謝我的另一半，謝謝他在這段過程中鼓勵我、協助我，並成為我的第一號讀者；與他一起準備與享用早午餐的時光，每一刻都很值得珍惜。此外，家人與台、日、美、加各地好友的支持與鼓勵，也是我完成這本書的最大動力。

最後，市面上的寫真書、食譜書、旅遊書、日本雜貨專書等非常多，要謝謝選擇了用塔西家的早午餐風景來看日本二三事的你。

塔西 (Tarcy)

　　畢業於淡江大學資訊工程學系，在台灣時曾任職軟體測試工程師。旅日期間曾任書面翻譯、商務行程規畫、協助商談與口譯、開設台灣華語課程、台灣mybest網站總編輯，以及軟體測試工程師。

　　目前旅居日本12年，曾居住京都，現居東京。喜歡料理、美食、散步、逛雜貨與旅行，因為對日本的雜貨感興趣，曾在日本的專門學校學習「雜貨經營」。

tarcyskitchen (塔西／Tarcy)、tarcysfavorite

　　本書是針對旅行東京而設計的採買手帖。以塔西家的餐桌風景出發，每道早午餐會介紹3項來自東京(少部分來自日本其他地區)的餐具、道具、美食、好店，或是許多不為人知的日本豆知識，並提供FB、IG或推特的搜尋關鍵字，以及Google關鍵字及QR Code，讓讀者方便查找商品或商店資訊，不再眼花撩亂。

Icon 解説

分類圖示

餐具

店鋪或工廠

食材

品牌故事
飲食文化

料理

道具

Data 圖示

IG

FB

Twitter Google

出發前，請再確認一次店家資訊

　　每一個城市都是有生命的，會隨著時間不斷成長，「改變」於是成為不可避免的常態，雖然塔西與編輯已經盡力，讓書中呈現最新最完整的資訊，但是，我們仍要提醒本書的讀者，必要的時候，請多利用書中提供的關鍵字與QR Code，再次確認相關訊息。

資訊不代表對服務品質的背書

　　本書所提供的餐廳及商店等資訊，是塔西個人經歷或採訪獲得的資訊，作者已盡力介紹有特色與價值的資訊，但是過去有讀者因為店家或機構服務態度不佳，而產生對作者的誤解。敝社申明，「服務」是一種「人為」，作者無法為所有服務生或任何機構的職員背書他們的品行，甚或是費用與服務內容也會隨時間調動，所以，因時因地因人，可能會與作者的體會不同，這也是旅行的特質。

　　歡迎讀者將你所知道的變動後訊息，善用我們提供的「線上回函」回報新資訊或是直接寫信來taiya@morningstar.com.tw。

　　　　　　　　　　　　　　　　　　　　　　　　　　　　太雅編輯室

愛不釋手的器皿與雜貨
愛着が湧く雜貨

　腹地廣大的日本，從北海道到沖繩，從手工玻璃、木製品、瓷器到陶器……除了各地具特色的器皿與雜貨，選品店也為數眾多，能在成千上萬的品項裡帶回自己喜愛的杯盤、道具或小雜貨，叫人怎能不珍惜？而旅途中帶回家的，更是能讓人憶起其中的點滴，即便只是一雙筷子、一只小碟，又或只是一個小道具。

01

大正浪漫的杯裡

滿溢著咖啡香

松德硝子 KATACHI. Y 系列

越式沙拉

陶藝家宮田龍司的作品

陶藝家宮田龍司的作品
陶芸家 宮田竜司さんの作品

　照片中盛放沙拉與芒果的兩款餐盤皆為陶藝家宮田龍司先生的作品。結合了益子的陶土與瓷器的土，讓整體更為輕薄卻又保有著益子燒給人的溫暖度；造型以「花」為構思，宛如花瓣的邊緣與較為少見的橢圓與菱形，讓塔西一眼就愛上。

一口氣珍藏了3款

1.2.3.舉凡水果、沙拉、點心；中式、西式、日式，什麼情境都能派上用場／4.離益子車站不遠的pejite選品店，每次來都有收穫

宮田龍司 ⓘ kozikozi14tatumi ／ pejite選品店 ⓘ pejite_mashiko、Ⓖ pejite

11

松德硝子 KATACHI. Y 系列
松德硝子の KATACHI. Y シリーズ

　某年九州火車之旅途中，在鹿兒島的選品店裡看上照片中的咖啡杯，購入後才發現原來是Made in Tokyo。因緣際會造訪工廠，親眼看到職人們在炎熱的工房裡用心、細心地製作每一個商品，讓塔西對他們的商品更有愛。

　大正11年(1922年)創立當時是以手工製作燈泡為主，但二戰時位於東京及大阪的工廠皆被大火燒毀，再加上時代的變遷，燈泡的生產漸漸被機器取代，便轉型以生產食器為主。職人們在早期的燈泡製作中，練就了吹出「薄玻璃」的好功力，其熟練的技巧與長年來製作各式食器所累積的經驗，皆與現在最知名的「うすはり」系列(うす＝薄，はり＝玻璃)有著密不可分的關係。

　除了令人驚歎的超薄玻璃系列，照片中的「KATACHI.」與用來喝清酒的「SHUKI」系列也都讓塔西愛不釋手。

1.與朋友在家小酌自家製梅酒／2.每天早上的甘酒牛奶杯其實是松德的紅酒杯／3.「KATACHI.」與「SHUKI」系列／4.裝在木盒裡很適合送禮

松德硝子 ⓖ 松德硝子株式會社

1	4	7	10
2	5	8	
3	6	9	

1.松德硝子株式會社／2.每個商品都是職人一個一個「吹」出來的／3.年代久遠的「自動生產線」將成品送往冷卻／4.急速冷卻會導致變形，松德是以「冷卻一天」為基準／5.經過職人「嚴選」後確定可以出貨的商品／6.以「火切」方式將商品依標準高度做切割／7.不停轉動的盤上滴入少量的水與細沙來磨平杯口／8.清洗過的杯子最後再以火「直燒」，可讓杯口變得平滑／9.不合格的成品會被回收熔化再利用／10.招牌商品「うすはりグラス」

工房隔壁的「庄太郎」，裡頭展示了多個系列的商品，平時沒有營業，不定期會舉辦活動，推薦順遊

越式沙拉
ベトナム風サラダ

　東京的夏天跟台北很像，又濕又熱，悶熱的早晨，利用市售的越式醬汁就能輕鬆完成開胃的沙拉。酪梨淋上些許檸檬汁可防止變色，薄切洋蔥過水便可減少嗆味，再放入小番茄與汆燙的鮮蝦，最後以自己喜歡的市售越式醬汁輕拌就能完成。

1.利用市售沾春捲的醬來做沙拉很方便／2.高麗菜、紅蘿蔔、洋蔥與雞肉全部切成絲狀，再來點花生增添口感／3.鮮蝦、蓮藕、豬肉、粉絲或紫蘇也是很棒的組合

酪梨、鮮蝦、洋蔥、番茄，拌上適量醬汁就能上桌

02

櫥櫃裡的
長青萬古燒

木製動物模樣木湯匙

RITUEL 螺旋 Viennoiserie

4th-market radish 系列圓形烤皿

木製動物模樣湯匙
動物模樣の木製スプーン

　　以簡單的線條勾勒出各種動物的模樣，卻又不失湯匙的功用，實在是佩服設計的人。整體的質感平滑細緻，在享用優格、點心時的觸感也很好。

　　不過似乎沒有固定販賣的店鋪，塔西購入於以下兩間店鋪「Dr. Goods」和「unico」，供大家參考。

1.從窗簾、家具、家飾到餐具皆有的「unico」，店裡還有更迷你的湯匙與叉子，非常小巧精緻／2.位在合羽橋道具街的「Dr. Goods」／3.放在糖罐裡，每次使用都能見到可愛的小動物們

Dr. Goods DrGoods ドクターグッズ、 Ⓖ Dr. Goods jp 　/ **unico** Ⓘ unico_fan、 DrGoods unico.fan、 Ⓖ unico jp

RITUEL
リチュエル

2015年，巴黎知名麵包職人Christophe Vasseur在日本開了「RITUEL」。以呈螺旋狀的維也納式糕點(Viennoiserie)為主力商品，層層的口感與香甜不膩的內餡，成功擄獲許多日本人的心。此外，樸實的鄉村麵包(Pain Des Amis)、法棍等也值得一試，搭配初榨橄欖油一起享用更是絕配！而除了麵包，包裝袋也充滿了濃濃的法國浪漫風！

1.美味的派皮搭配香甜的地瓜／2.ESCARGOT：Chocolat-Pistache，開心果泥與巧克力的搭配／3.表參道的路面店鋪（現已關閉），當時皆以有機食材為主，單價偏高。現在其他店鋪改變經營策略，以更親民的價格繼續提供高品質的糕餅

RITUEL ⓘ rituel_japan、ⓕ rituel.jp、ⓖ RITUEL.jp

RITUEL

1.日本橋高島屋店／2.包裝紙實在美到令人捨不得丟：左下的包裝來自Christophe Vasseur 在法國的店鋪「Du pain et Des Idées」，和RITUEL一樣都有濃濃的法國風

Du pain et Des Idées ⓘ dupainetdesidees、ⓖ Du pain et Des Idées

4th-market radish 系列圓形烤皿
4th-market ラディッシュ：ラウンドベーキング

日本是陶、瓷器大國，各地所採之土、石的特性也會反映在機能上；來自三重縣四日市的萬古燒，利用耐熱性優的「葉長石」製作成土鍋、日式茶壺、餐具、充滿日式風情的蚊香豬等商品，其中土鍋的市占率更達7～8成之多。

主要商品為餐具的「山口陶器」與「竹政製陶」、以土鍋等耐熱器皿為主的「三鈴陶器」、日式茶壺的「南景製陶園」，這4家窯場的新一代接班人攜手合作，於2005年成立了4th-market這個品牌。

設計的概念圍繞著「不過度裝飾、不太過可愛、簡單卻又讓你愛不釋手」，著重在以合理的價格提供高品質又實用的商品。此外，不會順應潮流不斷地推出新產品，所以很少遇到某商品停賣的問題；即便家中有新成員或是不小心打破了，也易於添購繼續使用，成為餐桌、廚房中的長青器皿。

1.材質屬半瓷器，可用於烤箱、微波、洗碗機，屬萬能型選手／2.大小非常適合一人份的料理／3.Allegory HomeTools代官山本店內展示了不少4th-market的商品

Allegory HomeTools ⓘ algr_inst、ⓕ AllegoryHomeTools、ⓖ Allegory HomeTools

1.3.位在東京高円寺的「cotogoto」，店內除了有4th-market的商品，其他選品也很值得一逛／2.在「unico」也曾看過4th-market的杯組

03

褪去華麗衣裳的 清水燒

清水燒：トキノハ tetra 系列咖啡杯

雞肉菇菇南瓜湯

Natural Bakery 日々舍全麥土司

Natural Bakery 日々舍
ナチュラルベーカリー 日々舍

　前往益子，除了知名的陶器，還有值得造訪的麵包店。以數種自家製的酵母，搭配北海道產的麵粉、栃木縣產的有機全麥麵粉，並運用當地的食材來製作多款麵包。

　不管是吐司、貝果、馬芬還是鄉村麵包，細細咀嚼都能嘗到麥香與不同酵母所帶來的淡淡風味，充分感受到店主的用心。

「日々舍」就位在民宿「益古時計」隔壁

1.小小店鋪裡擺滿了各式貝果、吐司、鄉村麵包和馬芬等／2.買回家後馬上做冷凍處理，能保存2週～1個月／3.噴點水回烤過後的全麥吐司，不僅外酥內軟，還有迷人的穀物香氣

日々舍 ⓘnichinichisha、ⓕnichinichisha、ⓖ日々舍

清水燒：トキノハ tetra 系列咖啡杯

清水燒：トキノハ tetra シリーズ コーヒーカップ

在遇見トキノハ之前，對於清水燒的印象一直停留在華麗的模樣與高不可攀的價格，直到在京都的超市「百八一本館」2F的選品店ANGERS偶遇這款tetra系列杯子……

不管是在日本國內或是去海外旅行，當地的「超市」是塔西必訪之地；除了特有的食材，也可透過熟食區窺探當地的飲食生活，甚至有令人玩味的各式包裝設計與食器。

トキノハ是清水大介與友惠夫妻於2009年共同創立的品牌，工作室與店鋪位在離京都車站約20分鐘車程的「清水燒團地」。其理念是融入日常生活中、不搶走料理風采的配色與設計；且每件作品都是手工製作與上色，形狀與色澤都是獨一無二。這款杯子最吸引我的地方，除了美麗的釉色，還有那一體成型且非常好握的把手，每每用這杯子享用咖啡，就會回想起京都的點點滴滴。

1. 旅途中偶遇トキノハ的餐具，完全顛覆塔西對清水燒的印象／2.每個杯子有自己的顏色、形狀、大小／3.把手的弧度、大小皆有些差異，握起來順手很重要／4.住京都的時期就很喜歡去逛的「ANGERS」選品店

トキノハ @tokinoha_kyoto、f tokinoha.kyoto、@トキノハ

1. 外觀一點都不像超市的「京都百八一本館」/
2. 建築頂樓的「屋頂菜園」/ 3.店內有TOKYO MIDTOWN(東京中城)的氛圍

京都百八一本館 Ⓖ京都百八一本館.jp ⬛ ／ **ANGERS** Ⓘ angers_kyoto、Ⓕ angers1993、Ⓖ京都 Angers アンジェ

雞肉菇菇南瓜湯
鶏肉とキノコのかぼちゃスープ

　　雞肉、南瓜、洋蔥與綜合菇類的美味濃湯，也可當成常備菜來作運用。加入咖哩粉化身為湯咖哩，或是只撈料出來加起司焗烤配法棍，依喜好做變化，非常方便。

材料：便於製作的量

a. 雞腿肉(切塊) 1塊

b. 洋蔥(切絲) 1顆

c. 南瓜(切塊) 約500g

d. 菇類2～3種(切適當大小) 約400g

e. 蔬菜高湯包(蔬菜高湯塊) 1包

f. 水、橄欖油、牛奶、鹽巴、黑胡椒 適量

Tips：

推薦塔西愛用多年的「茅乃舍」蔬菜湯包。

在忙碌的早晨也能輕鬆享受许多味美的熱湯

茅乃舍 @ kayanoya.official 、 kayanoyaJP 、 @ 茅乃舍

1	4	6
2	5	7
3	5	8

作法：

1. 熱鍋放入橄欖油，拌炒洋蔥與南瓜。

2. 加水至約可覆蓋住所有食材的高度，並倒入高湯包粉。

3. 蓋上鍋蓋將南瓜與洋蔥煮軟。

4. 加熱炒鍋，放入雞腿肉逼出油脂。

5. 放入所有菇類，開大火快炒直至水分收乾。

6. 將步驟5全數倒入步驟3的湯鍋裡。

7. 加入適量牛奶(可覆蓋住所有材料即可)，以鹽巴、黑胡椒調味後以小火續煮5～10分鐘。

8. 裝至琺瑯盒，冷卻後放冰箱冷藏保存。需要食用時，加熱即可享用。

04

雙手編織的

溫暖鍋墊

HARIO V60 咖啡壺

手工編織的稻稈鍋墊

新鮮玉米炒櫻花蝦

新鮮玉米炒櫻花蝦
とうもろこしと桜えびの炒めもの

　　駿河灣是日本唯一能捕獲到櫻花蝦的海域，但因產量極少，要價不菲。1980年代開始，為平衡供需，以高價跟台灣東港收購乾燥櫻花蝦，進而促成屏東櫻花漁業的發展。

　　櫻花蝦先以奶油炒香，再加入新鮮現撥玉米粒，淋上魚露撒上黑胡椒拌炒，起鍋前放上少許奶油增添香氣，簡單就能完成一道東南亞風的料理。

　　如果覺得櫻花蝦價格稍貴，用其他小蝦當然也沒問題。

以奶油炒過的櫻花蝦既香又酥

1. 材料非常簡單，櫻花蝦、玉米粒、奶油與魚露／2. 日本駿河灣產的櫻花蝦價格幾乎是台灣的4倍／3. 高級超市「成城石井」直接跟台灣進口來分裝販售，滋味一樣迷人

HARIO V60 圓錐形咖啡濾杯與咖啡壺
ハリオ V60 円すい系ドリッパーとサーバー

HARIO創立於1921年，在手沖咖啡的領域裡是頗有名氣的日本品牌。2005年推出的V60系列在2年後就得到日本「GOOD DESIGN」獎，不管在日本還是台灣，甚至是歐美許多咖啡店都能見到它的身影，已是國際級認證。

濾杯有三大特色：一、角度呈60度的圓錐狀，亦為商品名的由來；二、內壁有螺旋狀的肋骨設計；三、底部單一大孔洞。透過錐狀設計使水流向中心，延長與粉的接觸時間以萃取出香氣；螺旋肋骨則讓濾紙與內壁間有空隙使空氣更加容易排出；而大孔洞的設計目的是讓使用者可以透過控制水流速度來調整味道，也是它與他牌濾杯最大的差異。

同為日本品牌的Kalita以及美國的Blue Bottle，其濾杯的洞孔相對小，流速穩定，沖泡出來的味道較一致；如果你喜歡因應不同款豆子來調整沖泡速度或是同款豆子想多嘗試不同風味，推薦選擇控制變因多的V60，再搭配研磨粗細度來享受手沖咖啡的樂趣。

Eclipse Coffee Roasters：位在加拿大被環山圍繞的Canmore鎮上，在這裡也發現V60的蹤跡

HARIO V60 🄾 hario_official 、 🄵 V60HARIO 、 🄶 HARIO V60 jp

手沖咖啡已成為家中餐桌風景的必要成員之一

1	2	3
4	5	6

1.Anchorhead Coffee Downtown Seattle：這台機器可以自動注水，可讓沖泡出來的味道更加穩定

2.Sugar Bakery & Café：同樣的機器，但用了Kalita的咖啡濾杯＋V60的壺

3.Analog Coffee, Seattle, WA：看來Kalita濾杯也很受到美國咖啡店的喜愛

4.Cascade Coffee Works：在北美也有許多人會買V60系列商品在家享受沖泡的時光

5.Slow by Slow Coffee Bar：偌大的美國，即便不是大城市也能享受到美味的手沖咖啡

6.Analog Coffee 17Ave：加拿大Calgary市區某轉角咖啡店，從早到晚人潮絡繹不絕

手工編織的稻稈鍋墊

手編みのわら鍋敷き

　　來自新潟佐渡島的「藁鍋敷き」(wara-nabe-shiki)，也就是台灣熟悉的鍋墊，是將稻稈以手工編織成甜甜圈狀，有著樸實卻可愛的造型，跟著餐具一起上桌加分不少。編織的密度、整體厚度與手感都有點差異，看對眼最重要！

1.松野屋販售各式生活雜貨、道具，很像高級版五金行／2.有不同尺寸供選擇／3.除了鍋墊，還有包包等相關商品，做工都很細緻

| 1 | 2 | 3 |

松野屋 ⓘ matsunoyatokyo、ⓕ matsunoya.tokyo、ⓖ 松野屋 jp

陶藝家林 理子的作品

塔西流凱薩沙拉

05

綻放著紫陽花的

陶杯

塔西流凱薩沙拉
シーザーサラダ

　　凱薩沙拉除了主角的蘿蔓生菜，醬汁更是靈魂所在，自家製不僅簡單、健康，亦不失其該有的風味，而配料的內容也能隨心所欲調整。

材料：沙拉醬便於製作的量

a. 美乃滋 3大匙

b. 蒜頭(磨成泥) 1片

c. 牛奶(無糖豆漿) 4大匙

d. 檸檬汁 1/2大匙

e. 起司粉 1又1/2 大匙

f. 黑胡椒 適量

g. 蘿蔓生菜、培根、雞胸肉、小小番茄、麵包丁、蘇打餅乾 適量

作法：

1. 將材料a～f依序放入小碗中，每放一項便攪拌均勻，加入檸檬汁後就會變得濃稠。

2. 蘿蔓生菜洗淨後泡冰水30分鐘可讓口感更清脆，隨喜好可準備培根、雞胸肉、番茄、麵包丁或蘇打餅乾等配料。

3. 若想更豐盛，可搭配水煮蛋、水波蛋、半熟荷包蛋等。

水煮蛋、水波蛋與半熟荷包蛋，不同口感與風味

陶藝家林 理子的作品
陶芸家林 理子さんの作品

　提到江戶(東京)的傳統工藝,腦中浮現的是江戶切子或江戶硝子等玻璃製品,能在離淺草站不遠的牛嶋神社境內的手作市集,與江戶陶藝家林 理子的作品相遇,實屬意料之外。

　父親也是陶藝家的林 理子,原先從事建築相關工作,陶藝只是興趣;透過開個展、實際與客人交流,逐漸將作品系列化,奠定了自己品牌的方向。大大小小的攤位裡,像繡球花般的模樣吸引了塔西的目光……

　從沒有上釉藥的杯子外側,能感受到陶土的細緻顆粒與凹凸分明的線條,很喜歡這樣的觸感;同系列的飯碗則是花兒在內側並搭配外側的點點,整體上釉的做法也有所區別。貼心的是杯緣有上釉,讓你啜飲時不會感到不舒適;而碗的底部則是不上釉,讓你手持的時候多點阻力更穩定。手裡拿著杯碗,處處都能感受到她的用心。

林 理子 ⓘ nicorico.ayakohayashi 、 ⓕ RokuroGurugurunicorico 、 ⓖ 林理子 陶芸

	2
1	3 4

1.雖然作者只標示「花系列」，但塔西覺得看起來像紫陽花。立體感的雕花、陶土的觸感以及整體的配色都深得我心／2.底部有著統一的風格／3.4.不黏飯粒又好拿，美麗的花兒讓人吃飯時忍不住多看它幾眼

手作市集
手づくり市

日本的手作市集非常多，多數在神社、寺廟境內舉辦，尤以每個月15日在京都舉辦的「百万遍さんの手づくり市」最為知名，前往朝聖的人潮也很驚人。

東京也有不少手作市集，如每月一次的「雑司ケ谷手創り市」、一年兩次的超大型「Hand Made In Japan Fes」，或是淺草寺附近，一年一次的「すみだ川ものコト市」等；雖然規模與氛圍稍有不同，但不變的是皆能跟創作者交流，讓你對攤位上那些被用心設計與製作的商品更有感覺。

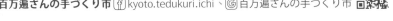

銀座・手仕事直売所 Ⓕ teshigotochokubaigenba

雑司ケ谷手創り市 Ⓘ tezukuriphoto、Ⓖ 雑司ケ谷手創り市

百万遍さんの手づくり市 Ⓕ kyoto.tedukuri.ichi、Ⓖ 百万遍さんの手づくり市

すみだ川ものコト市 Ⓘ monokotogram、Ⓕ sumidamonokoto、Ⓖ すみだ川ものコト市

HandMade In Japan Fes Ⓘ handmadeinjapanfes、Ⓕ HandmadeInJapan、Ⓖ HandMade In Japan Fes jp

| 1 | 3 | 5 | 7 | 9 | 11 |
| 2 | 4 | 6 | 8 | 10 | 12 |

1.2.百万遍さんの手づくり市：每月15日舉辦，不管平日或假日，人潮都非常可觀／3.4.梅小路公園：位於京都鐵道博物館旁，每個月第一個週六有舉辦手作市集(1月與5月休息)／5.6.京都黃檗宗大本山萬福寺：每個月固定有手作市集，雖然攤位不多，但逛起來很舒服／7.8.すみだ川ものコト市：場地在「牛嶋神社」境內，攤位幾乎都來自附近店家／9.10.11.銀座・手仕事直売所：展場裡幾乎都是專業職人的商品，雖然價格較高，但品質令人讚歎／12.銀座・手仕事直売所每年10月都會在銀座松屋舉辦，連海報都設計得很美

06

隨著稻穗搖曳的三島手燒

兔屋銅鑼燒

陶藝家村上雄一的三島手燒

押麥火腿蘆筍沙拉

兔屋銅鑼燒
うさぎやのどらやき

　　屬兔的初代店主於大正2年(1913年)在上野站附近開設了「うさぎや」(兔屋)，昭和初期推出的現做銅鑼燒廣受好評，已成為百年老店的招牌商品。

　　或許是受到小叮噹的影響，銅鑼燒是塔西很喜歡的一款日式點心，首度造訪東京時就來到東京三大銅鑼燒之一的兔屋朝聖。接過手還溫熱的銅鑼燒，強烈推薦當場享用；完美的烤色與蜂蜜的香氣、北海道十勝產的紅豆餡，整體有著恰到好處的甜度與絕妙的口感。保存期限只有2天，想買來當伴手禮的話，記得務必在搭飛機的當天一早來採購喔！

被誇為東京三大銅鑼燒之一
並非浪得虛名

1 2 3
4

1.渾圓飽滿、讓人垂涎欲滴的色澤與香氣／2.溫熱的餅皮夾著還帶點濕潤的紅豆餡，是現場才能嘗到的美味／3.除了銅鑼燒也有其他日式和菓子／4.屋頂上的小兔兔年代久遠

上野うさぎや 🅕usagiyacafe、🅘上野 うさぎや

陶藝家村上雄一的三島手燒

陶芸家 村上雄一さんの作品：三島手 五穀豊穣

　　三島手的最大特徵在於「象嵌」：做法是在成形的陶土上利用道具或印章壓出線條或連續性的圖案，再將白化妝土刷入凹槽中，並刮除多餘的部分做整形。偏灰的器皿中帶有白色的模樣，不管是搭配和式、西式或中式料理都很適合。

　　三島手始於朝鮮半島的「粉青沙器」，傳入日本後因其純樸的模樣受到茶人的喜愛；在日本被稱為三島的緣由，有一說是因器物上的模樣，與靜岡縣三島市的「三嶋神社」所發行的三島曆中的某些圖形非常相像。

　　東京出身的陶藝家村上雄一，先在沖繩的「山田真萬工房」拜師學習了5年後，再前往「多治見市陶瓷器意匠研究所」修課，現於岐阜縣土岐市設立工房。一系列的「五穀豐穣、葡萄、雪」與一般三島手的圖騰非常不一樣，尤其是稻穗搖曳的模樣，非常迷人。

村上雄一　⒤murakamipottery、⒢村上雄一 murakami pottery

1.樸實中帶點變化，有種高雅的美，運用之道也很多 / 2.茄香鮮蝦佐黑醋醬沙拉 / 3.牛蒡沙拉 / 4.金沙杏鮑菇 / 5.盛夏的果實「芒果」

押麥火腿蘆筍沙拉
押し麦とハムとアスパラのサラダ

　押麥含有豐富的維生素，口感也非常好，搭上火腿與香甜的蘆筍、甜豌豆，撒上白芝麻，淋上初榨橄欖油，最後再用粗鹽、白胡椒加以調味，爽口又健康。

　押麥也能加進飯裡一起煮，在原先的米跟水量之外，以押麥：水＝1：2的比例調配。比方兩杯米可另加50g押麥跟100mL的水一起煮，押麥的比例越高，整體的黏度會越低，可依自己喜好做調整。

材料：2人份

a. 蘆筍 2～4根

b. 甜豌豆 6～8 根

c. 火腿(切小塊) 2～3片

d. 押麥 50g

e. 白芝麻、初榨橄欖油 各1大匙

f. 海鹽、白胡椒粉 適量

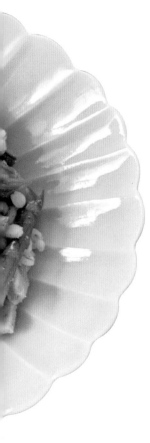

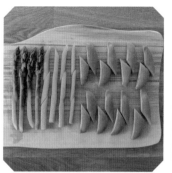

作法：

1. 準備一大鍋沸水，將蘆筍、甜豌豆汆燙後取出放涼，蘆筍切成數段，甜豌豆切半。

2. 將步驟1的水再度煮沸後放入押麥煮約15分鐘，撈起用清水稍微沖洗並瀝乾水分。

3. 將步驟1、2與切塊的火腿放入碗中，加入白芝麻，淋上初榨橄欖油，然後以海鹽、白胡椒粉調味。

4. 拌上橄欖油讓綠色蔬菜的色澤更顯美味。

Tips：

押麥的GI值低於51（白米飯則超過70）、且富含食物纖維，在日本相當受歡迎，超市通常會有數個品牌與容量供選擇。

07

魚兒魚兒魚兒桌上游

TRASPARENTE 吐司

蔬菜多多三明治

STUDIO M' 沙丁魚小皿

TRASPARENTE Nakameguro
トラスパレンテ 中目黒

法棍、歐包、吐司……每每經過中目黑站附近，就會想去添購各式麵包。店內附設桌椅，只要跟店員說明是要內用，就會幫你加熱、裝盤，亦有現點現烤的帕尼尼、咖啡、茶與湯品等。隔壁的蛋糕、點心小店鋪是同個老闆，也能在麵包店裡享用，從早餐到下午茶都能滿足你。

每次必買兩款最基本的吐司，四方形的「パンカレ」與山型的「プリマベーラ」；採用北海道的麵粉，並使用較花時間但風味佳的Poolish液種法進行發酵，別具風味。

蓋上蓋子烘烤的パンカレ本身柔軟但不失彈性，非常適合用於製作三明治；而開放式烤法的プリマベーラ則有著迷人的焦香，切成厚片烤至外酥內軟，再來塊發酵奶油，令人難以抗拒。

1	2	3
4		

1.中目黑店，天氣好時選擇坐在戶外也很不錯／2.現點現做的帕尼尼／3.跟店員說要在店裡享用，除了加熱、裝盤，還會幫你切成兩人份，實在很貼心／4.麵包的選擇非常多樣，幾乎沒踩過雷

他們家的法棍很適合做三明治，兩款吐司幾乎是每次必買

TRASPARENTE ⓘ trasparente_2008 、 Ⓖ TRASPARENTE

STUDIO M' 沙丁魚小皿
スタジオ エム：フィッシャーマンズ サーディン

　　這兩隻天天優游在塔西家餐桌的小魚兒，可說是最常被問起「哪兒買」的吸睛小物！牠們倆來自塔西愛用的品牌「STUDIO M'」，該系列商品的設計主軸為「漁師小鎮上的餐廳會用的食器」，除了這兩尾，還有同系列的盤子和小缽等。最特別的是這小魚能適用於烤箱，塔西會用它來烤起司或烤味噌(味噌焼き)，非常方便。

　　第一代店主於1950年設立了「加藤光男商店」，1964年成立了「丸光」(Marumitsu)合資會社，而STUDIO M'這個品牌則是誕生於1988年。以家庭日常使用為主軸，品項從小缽、碗、盤、杯、壺、土鍋到相關道具等；材質則有陶器、瓷器、木製品、布品等；風格亦有日式與西式。簡單卻帶點復古的設計與合理的價格，讓該品牌擁有一群忠心的粉絲；仔細算算塔西買過的品項將近30個，真的挺驚人的啊！

1.沙丁魚小皿(Fisherman's Sardine)／2.以小缽來盛裝蘋果派，別具一格／3.4.帶點歐洲風的Early Bird系列，很喜歡用它盛裝各式甜點

STUDIO M' ⓘ studiom_kyonoutsuwa 、ⓕ marumitsu.studiom 、ⓖ studio m.jp

1.累積好幾年的戰利品／2.位在東京的直營店MEALS ARE DELIGHTFUL，1F展示與販售商品，2F提供餐點，3F舉辦活動或料理教室／3.依照季節會有不同主題的擺設，可參考如何運用餐具，每次皆有收獲

Marumitsu 🅘 marumitsu.poterie 、🅖 marumitsu

MEALS ARE DELIGHTFUL 🅘 dishes_marumitsu 、🅘 meals_marumitsu 、🅖 MEALS ARE DELIGHTFUL.jp

蔬菜多多三明治：紅蘿蔔版本
にんじんたっぷりのサンドイッチ

　　這幾年日本很流行夾了大量蔬菜的三明治，顏色鮮豔的紅蘿蔔是很適合拿來運用的蔬菜之一。除了基本的紅蘿蔔絲，建議可以搭配起司、萵苣、水煮蛋、鹽麴雞胸肉或是竹莢魚等食材，色香味俱全。

　　經過處理與調味的紅蘿蔔絲，味道溫和、香甜，再加入些葡萄乾、蔓越莓乾或是核桃等增添滋味與口感，連原本不太敢生吃紅蘿蔔的姪子都吃得津津有味。也可製作成高麗菜版本，作法請見P.82。

作法：

1. 紅蘿蔔切絲後撒點鹽靜置10分鐘，擰乾多餘水分。

2. 用蜂蜜、醋(蘋果醋、巴薩米克醋、紅白酒醋等)、鹽巴、法式芥末、橄欖油等調味。

3. 隨喜好加葡萄乾、蔓越莓乾或核桃等增添滋味。

4. 取2片吐司，其中一片放上起司與鹽麴雞胸肉火腿。

5. 取一大張保鮮膜並放上步驟4的吐司，將步驟1的紅蘿蔔絲小心往上堆疊。

6. 蓋上步驟4的另一片吐司，以手心施壓、用力包緊，再小心切開就大功告成了。

1	4
2	5
3	6

微 酸 的 蔓 越 莓 是 個 稱 職 的 配 角

1	4
2	
3	

1.高麗菜絲、馬鈴薯泥、香煎鮭魚，再加上蒔蘿就充滿了北歐風／2.紅梗菠菜(生食用)、雞胸肉火腿與厚厚的煎蛋，同時享受不同口感／3.紅蘿蔔絲、煎蛋與香煎竹莢魚，香味滿溢／4.將吐司改用貝果，飽足感滿點

08

穿著玻璃外衣的野田琺瑯

A-FACTORY 蘋果冷湯

野田琺瑯

烤南瓜佐楓糖檸檬

烤南瓜佐楓糖檸檬
メープルシロップとレモンの焼きかぼちゃ

　　在日本，不管是日式、西式甚至是甜點，都能見
到南瓜的蹤跡，如醬燒南瓜、南瓜濃湯、炸南瓜或
南瓜布丁等。產量以北海道為大宗，盛產的秋冬，
綿密甜美且平價，利用蒸、煮、烤或炸的方式，能
夠將南瓜的口感與滋味發揮到極致。除了常見的栗
子南瓜，長野產的胡桃南瓜也是塔西的愛。

作法：

1.將南瓜切成厚度約0.5cm的薄片。

2.以些許鹽巴與橄欖油拌勻，依序排放至烤盤中。

3.放上數片檸檬。

4.用湯匙舀奶油起司置於各處，淋上一點楓糖漿。

5.送進預熱至200℃的烤箱烤12～15分鐘。

1.日本的胡桃南瓜大多是長野縣產 / 2.下部的空
洞處很適合打個蛋送進烤箱烤 / 3.若買到較小
型的南瓜，週末的早午餐很適合一人吃半個

野田琺瑯
Noda Horo

　自從入手了3個野田琺瑯White Series保存盒之後，因為實在太好用，又陸續添購了同系列不同尺寸的商品，還敗了鍋子、茶壺、調理小物和盥洗盆等其他系列商品，可說是跌進深坑無法自拔啊！

　1934年創業以來，野田琺瑯便一直專心於製作琺瑯相關商品；從熔接鐵板、塑形、上釉到以高溫燒製完成，每一個商品都是手工打造，目前是日本國內唯一全部製程都在栃木縣工廠完成的廠商，所使用的零件等也皆為日本產。

　琺瑯保存盒的優點在於不易沾附味道與顏色，不管是用來保存容易染色的咖哩、泡菜，還是含醋的醃漬物等食物，都非常適合；再加上便於清洗，有許多常備菜的食譜書也都推薦使用琺瑯材質的保存盒。所有商品都可直接用瓦斯爐加熱或高溫烘烤，但要注意不可用於微波爐喔！

1 / 2

1.不管是常備菜、預先燙好的肉、蔬菜或是吃不完的水果等，都很適合用琺瑯盒保存。尤其咖哩、泡菜鍋等，洗淨之後完全不留痕跡與味道 / 2.層層疊放很容易搞不清楚誰是誰，可以利用水性筆直接寫在盒子上，使用後用洗碗精清洗即可；如果擔心洗不乾淨，也可以利用紙膠帶來註記

野田琺瑯 ⓖ 野田琺瑯 jp

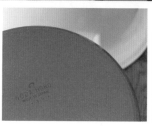

1.常缺貨的野田琺瑯，很難得看到一次展示這麼多款式／2.每個商品底部都會印上NODA HORO MADE IN JAPAN的字樣／3.如洗臉盆般大的琺瑯盆因可直接上瓦斯爐煮，非常適合用來消毒抹布／4.全部堆疊起來便於收納／5.除了保存盒與料理托盤，家裡還有兩鍋一壺一盆也是野田琺瑯的產品

A-FACTORY
エーファクトリー

　位在青森市，腹地廣大的A-FACTORY，是JR東日本開設的商場，除了餐廳與賣場，還有可以付費試飲多款蘋果氣泡酒的機器，很是特別。

　青森縣的蘋果產量位居國內第一，A-FACTORY店內除了新鮮的蘋果，在果汁、果醬、餅乾、蘋果派和蛋糕等近千種的商品中，這款蘋果冷湯不僅包裝吸引了塔西，就連滋味都很美妙。使用了帶有酸味的紅玉品種，再加上牛奶、鮮奶油、白酒等食材製作而成，蘋果的香氣與帶有果肉卻滑而不膩的口感，是道讓人耳目一新的甜點。

1.A-FACTORY就在青森港邊，離JR青森站也不遠／2.內部的空間非常寬闊，逛起來很舒服／3.架上展示的都是用青森蘋果釀的シードル(法文CIDRE音譯而來，是蘋果酒的意思)／4.現場有販售數款蘋果酒的「試飲卡」，讓你輕鬆品嘗個中滋味

包裝設計的非常精美的
蘋果冷湯

A-FACTORY ⓕ aomoricidre、ⓖ青森 a-factory.jp

		3	6
1			
		4	
2	5		

1.挑高的設計，從2F俯瞰的景色別有一番風味／2.3.4.加工食品、氣泡酒、料理包、罐頭、果醬等，真的是個讓人逛到昏頭買到手軟的物產館啊／5.從青森扛回家的CIDRE各有特色，每款都很美味，喜歡蘋果的人不要錯過／6.青函連絡船「メモリアルシップ八甲田丸」，其最大特色是火車可以直接開上船，駛往函館，可惜已經於1988年停航，目前內部有紀念館及車輛展示等可付費參觀

09

納於掌中的 精美豆皿

富士山豆皿

治一郎的布丁

細葉香芹煎蛋佐紅蘿蔔與生火腿沙拉

治一郎的布丁
治一郎のプリン

　　治一郎的招牌年輪蛋糕是很多人會買的伴手禮,但比起定番商品,塔西更喜歡他們的布丁!以蛋黃和北海道生乳所製成的鮮奶油為主要原料,再以低溫、長時間烘烤的方式製成。布丁的口感非常綿密、順口,搭配上特製焦糖漿,整體香濃卻不甜膩。

1	
2 3 4	

1.焦糖糖漿不過甜又帶點微苦,搭配濃郁的布丁剛剛好／2.除了年輪蛋糕,蛋糕捲跟布丁也有許多愛好者,有時晚點去就售完了呢／3.招牌的年輪蛋糕也有小包裝,便於分送親朋好友／4.來自滋賀的CLUB HARIE年輪蛋糕,也很受日本人喜愛

治一郎 jiichiro.bK 、 ⓖ 治一郎 jp

豆皿
豆皿／手塩皿

　源起於江戶時期，當時是用來盛放鹽巴讓你清除托盤或餐檯上的汙垢，被稱為「手塩皿」。後來因為這個習慣漸漸式微，便利用來放調味料、醬油、醃漬蔬菜，甚至當成筷架，愛稱也演變成「豆皿」。一般豆皿是指直徑約11cm以下，再大一點(15cm以下)的則稱為「小皿」。

　早期的豆皿其造型、圖案變化不大，這幾年出現了非常多做工細緻、造型特別，甚至帶有歐風的設計，材質也從陶器、瓷器到木製品，風格千變萬化，也難怪有不少人大量收藏，當成裝飾品的一種。

　以前看日劇時就發現台日兩國在家庭的用餐習慣有所差別。台灣多以合菜方式，一道菜裝成一盤，家人朋友一起夾著吃；日本習慣分食，將做好的料理甚至是調味料，分到一人一份的小缽、小盤，這也是豆皿盛行的原因之一。

塔西家各種形狀、大小與式樣的豆皿

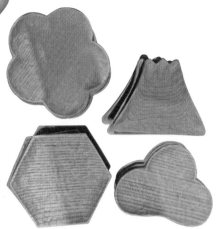

1.3.5.7.9.小小的豆皿用途具多樣性／
2.4.不管是形狀、模樣、大小，選擇皆很
豐富，甚至有美到可當收藏品的品項／
6.8.最常見的豆皿配色為藍與白，直徑約
9cm的圓形盤選擇最多，也會有如葫蘆、
扇子等造型／10.做工非常細緻的木製豆
皿，富士山與松樹形狀有著滿滿的日本風

61

細葉香芹煎蛋佐紅蘿蔔與生火腿沙拉
にんじんと生ハムのサラダ

異國料理所需要用到的各式新鮮西洋香草，如細葉香芹、蒔蘿、百里香、鼠尾草、蝦夷蔥或芝麻葉(ルッコラ)等，在日本一般超市就能購得，有些超市不僅種類多，價格也很合理。尤其台灣售價不菲的芝麻葉，在日本倒是很平價，塔西很常用它做三明治呢！

用巴薩米克醋、鹽、白胡椒與橄欖油調味的紅蘿蔔絲，搭配充滿香芹風味的煎蛋，再來幾片生火腿，就成了充滿西洋風的餐桌風景。

材料：2人份

a. 紅蘿蔔(刨絲) 約100g
b. 葡萄乾 1大匙
c. 巴薩米克醋(白)、橄欖油、牛奶 各1大匙
d. 鹽巴、白胡椒 適量
e. 蛋 1顆
f. 細葉香芹 4根
g. 生火腿(切成一口大小) 適量

作法：

1. 將葡萄乾與紅蘿蔔放入容器中。
2. 將步驟1以巴薩米克醋、鹽巴、白胡椒與橄欖油調味拌勻後備用。
3. 取碗，將蛋加入牛奶打散，加入些許鹽巴、白胡椒調味。
4. 蛋液中放入切碎的細葉香芹(チャービル)稍微攪拌。
5. 將步驟4倒入平底鍋中以小火慢煎。
6. 步驟5放上步驟2與生火腿。
7. 隨喜可再撒上一點白胡椒與切碎的細葉香芹，就完成一道色彩奪目的料理。

超市中販售的各式香草

日本飲食、文化的二三事
日本の生活と食文化

　在日本，除了氣候與景色可以讓你感受到四季的變化，透過「旬食材」也是另一種不錯的方式。日本的飲食文化不僅多元，再加上日本人對「新鮮」的執著，走一趟超市，不僅能知道哪些是當令的海鮮、蔬果，就連肉品區都可以感受到「季節性」。先逛上一圈，之後上餐廳點餐時就知道什麼食材是應時當令，選它準沒錯！

10

歷史悠長的飲食文化

一汁三菜

一汁三菜

土鍋飯

中川政七商店蚊帳布巾
中川政七商店の花ふきん

用土鍋煮飯時，這塊布巾可說是塔西的最佳幫手；除了防止沸騰的水溢出，煮完後還能取代鍋蓋並防止表面乾燥。以蚊帳材質製成，多用途以及便於清洗等優點，還讓它在2008年得到日本Good Design獎。打從購入第一條至今已經超過10年的歲月，現在家裡從廚房、浴室，甚至到外出用手帕(小尺寸)，超過10個角落都有它的蹤跡。

由兩片55×55cm蚊帳布縫製而成，經折疊就能當作抹布使用，吸水性與去汙力都非常強，只要用一點點清潔劑就能把油汙清洗掉，最後展開掛起，速乾、不易殘留味道的特色是讓塔西最喜歡的一點。有聽過塔西描述這塊布巾用途的朋友，都會開玩笑說我簡直是超級業務員，那是因為它真的不只是塊「抹布」而已啊！

1.攤開後不管是掛起或是平鋪在流理台上，非常薄的質地讓它有速乾的特性／2.鈴蘭色就以鈴蘭圖樣為背景，很細心的設計／3.「曆ふきん」系列是以日本的「和風月名」為概念，用能表達該意境之顏色的線縫在白色的蚊帳布上，也為純白的布巾增添一點變化／4.除了以花色命名的系列(右)，還有貓咪圖案的設計(左)

中川政七商店 ⒪ nakagawamasa7、ⓕ nakagawa.masashichi、Ⓖ 中川政七商店 ／花ふきん Ⓖ 中川政七 花ふきん

和食的根本：一汁三菜
和食の基本：一汁三菜

2013年，「和食，日本人的傳統飲食文化」正式被列為「人類無形文化遺產」(UNESCO Intangible Cultural Heritage)；日本的國土狹長，從北到南包山包海，再加上四季分明，盛產的農作物也讓各地飲食充滿多樣性。

塔西第一次入住溫泉旅館，就對晚餐時刻的「會席料理」留下深刻的印象。會席料理起初是從「一汁三菜」的形式呈現，隨著時代變遷，慢慢演變成每道的量減少，但道數增多；不僅有魚有肉，更少不了以當季蔬菜烹煮的料理，唯一不同的是飯跟湯是在最後才提供。

1.日本多數餐具會以「一汁三菜」的運用來設計大小／2.簡單的胡麻拌蔬菜是很常看到的一道配菜，汆燙蔬菜後用醬油、芝麻香油與白芝麻粉調味。菠菜、小松菜、春菊(茼蒿)等都很適合／3.醬油風味的奶油炒杏鮑菇與甜豌豆，除了配色美，還會讓你一口接一口／4.豆皮搭上西式的起司與火腿，也能是一道配菜

一般在家吃飯還是以最基本的一汁三菜為原則。除了飯，一汁通常都是味噌湯，三菜則為一主菜兩副菜；主菜可以是魚或肉，副菜的部分則是以當季蔬菜、豆類或海藻類為主，煮物、涼拌等料理方法都很常見。同時攝取到發酵食品、蛋白質、維生素、礦物質與食物纖維等，營養非常均衡！

提供一汁三菜這樣形式的「定食店」很多，營養也比單吃速食或拉麵等來得均衡

香煎豆皮夾起司火腿
油揚げのハムチーズはさみ焼き

作法：

1. 豆皮從邊緣劃開，輕輕撥開內部使其呈袋狀。

2. 放入火腿與起司。

3. 煎至起司融化、兩面上色，再切成適當大小。

4. 如果覺得味道不夠，淋上一點薑末醬油也很清爽。

如何利用土鍋煮飯
土鍋ごはんの炊き方

10年前開始嘗試用土鍋煮飯，經過幾次練習，抓到控制火候的訣竅後，煮出來的飯粒粒分明又飽滿，從此跟電子鍋說掰掰！

掌握幾個要點，你也能用土鍋煮出好吃的白米與雜穀米飯。根據自家的米跟火候，多練習幾次肯定會上手。

日本的土鍋選擇非常多，從小到大，從淺到深

Tips：

1. 建議可以用兩杯白米搭配其他米或麥類，別忘了水量也要隨之調整。

2. 用土鍋煮雜穀米也能煮得很美味。

3. 白米：發芽米＝2：1，粒粒分明、光澤動人。

4. 多了一層有重量的內蓋，沸騰後水就比較不容易溢出來。

5. 來自法國的Le Creuset也推出了適合煮飯用的鍋子。

材料：

米 3杯

水(可依喜好增減) 約600mL

發芽米、雜穀米、黑米、押麥
　　　　　隨喜添加(水量亦須依照指示增加)

作法：

1. 洗淨的米與對應的水量放入土鍋中，若有添加雜穀米，先用湯匙將整體稍微攪拌均勻。

2. 沒有內蓋的土鍋，如果一次煮的量較多，因水位較高，很容易在沸騰後從鍋緣冒水出來，所以塔西習慣圍一條抹布在鍋蓋與鍋身之間的凹槽。

3. 開中火(火不要超過鍋底的面積)煮至沸騰，約需8～10分鐘不等。

4. 沸騰後轉成小火續煮10～12分鐘，關火後不要開蓋，續燜10～15分鐘。

5. 掀蓋後，順勢將飯勺插入飯跟鍋身之間，沿著內側繞一圈。

6. 畫個十字後，再度將飯勺沿著鍋身往下到底部後往上翻拌。

7. 由底部翻拌讓多餘的水蒸氣散發出來。

8. 為了怕表面過於乾燥，塔西會將煮飯專用抹布直接攤開蓋上。不過若是布完全不透氣，反而會造成水蒸氣的聚集，記得選用透氣性較好的布。

1	4	7
2	5	8
3	6	

11

日本家庭的
常備菜肴

People Tree 有機巧克力

百里香烤蔬菜

People Tree fair trade chocolate

ピープル・ツリー フェアトレード・チョコレート

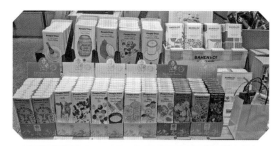

　比起歐美先進國，日本在有機食品這方面推廣得慢，進口的有機巧克力價格也較高。英國人在日本創立的People Tree品牌推出一系列可愛包裝的有機巧克力，口味選擇多，且為維持品質只在秋冬販賣，近幾年人氣攀升，在很多選品店都有販售。

　除了巧克力，該品牌亦有以有機棉製作的衣服、包包等，且所有商品都是有fair trade認證，創辦人甚至還成立了GLOBAL VILLAGE這個NGO來幫助許多團體。此外，他們也透過商品的販售來進行寄附活動，比方巧克力包裝紙上印有「可可點數」，集點除了可以換取購物袋，他們也同時會幫玻利維亞的農家種植可可樹(2013～2018)或是協助哥斯大黎加的可可農家轉型為有機種植等，享受美味也同時幫助農家。

1.為維持品質，只有在10月中～4月中這段期間販售／2.生薑檸檬白巧克力、番石榴苦甜巧克力、肉桂、椰奶等口味都很特別／3.每間選品店販售的口味不一，通常會精選數款人氣口味

People Tree 📷 peopletreejp 、 📘 PeopleTreeJPN 、 📷 People Tree fair trade chocolate

方便的常備菜
便利な常備菜

日本的外食費用高，想要在日幣千円內解決一餐，不外乎速食、拉麵、定食或是便利商店的便當等，比起台灣方便的自助餐、熱炒、麵攤的燙青菜等，日本外食能攝取到的蔬菜量相對較少。

近年來健康意識抬頭，再加上日本的雙薪家庭逐漸增加，平日下班後沒時間準備料理的人，便會利用休假的空檔準備一週分量的「常備菜」以攝取更均衡的營養。除了可以節省平日的料理時間，即便是單身族或小家庭，也不用擔心每次買的菜量過多而無法趁新鮮料理完畢，再透過一些巧思替常備菜做些變化，就不會覺得每天都吃一樣的食物很膩囉！

上網搜尋「常備菜」就能找到許多資訊，如果看不懂日文，可以利用線上翻譯功能，一旦有了基本概念，就能依照自己的喜好來設計每週菜單，非常方便。在這邊介紹一道簡單又可變化出很多樣貌的常備菜給大家。

材料：便於製作的量

a. 紅蘿蔔、牛蒡、白蘿蔔、蓮藕 合計約800g

b. 豬肉片 約200g

c. 米酒、味醂 各50mL

d. 日式高湯(水) 約500mL

e. 醬油、白芝麻油 各1大匙

Tips：

1. 步驟5若無適合尺寸的鍋蓋，可以利用鋁箔紙剪出鍋蓋尺寸，中間再剪一個直徑約3～5cm的洞，就能製造出空氣對流的環境。

2. 茅乃舍是塔西家常用的日式高湯包(だし＝日式高湯)，方便又美味，推薦給大家。

1	4	7
2	5	
3	6	

作法：

1. 牛蒡與蓮藕皆以滾刀切小塊，牛蒡泡清水、蓮藕泡醋水(1小匙白醋)，約3分鐘後瀝乾水分，可防止變色並去澀味。

2. 紅蘿蔔滾刀切小塊，白蘿蔔切成約0.8cm厚的扇狀，豬肉切成約3cm寬。

3. 熱鍋後倒入白芝麻油，依序放入牛蒡、紅蘿蔔、豬肉片、蓮藕與白蘿蔔，每放入一樣食材就拌炒均勻，才能逼出香氣。

4. 加入米酒後開大火拌炒至酒精蒸發，接著加入日式高湯與味醂。

5. 沸騰後轉小火，蓋上比鍋子面積小一個尺寸的鍋蓋續煮10分鐘。

6. 加入醬油，蓋回鍋蓋再煮10分鐘就大功告成了。

7. 常備菜完成後分裝至保存盒，冷藏可放5天。取部分加入水和味噌後可做成豚汁，或是加咖哩塊做成咖哩飯都很方便。

百里香烤蔬菜
根菜とタイムのオーブン焼き

　利用以根莖類蔬菜與豬肉製作的常備菜，搭配美乃滋、起司粉及喜愛的香草等一起烤，一早就能攝取多樣蔬菜與蛋白質。運用不同的香草享受不同風味，方便又有變化。

材料：便於製作的量

a. 常備菜(只取菜不取汁) 200g

b. 美乃滋 2小匙

c. 乾燥香草(百里香、奧勒岡等，隨喜挑選) 1/2 小匙

d. 鹽巴、黑胡椒 適量

e. 起司粉 2大匙

作法：

1. 將常備菜放置耐熱器皿中加入b〜d與1大匙的起司粉拌勻。

2. 撒上1大匙的起司粉。

3. 送進預熱至200℃的烤箱中烤10分鐘即完成。

Tips：

1. 步驟1的常備菜要盡可能瀝乾湯汁，因為乾乾的烤比較好吃。

2. 常備菜本身已經有些許調味，鹽巴只需添加少量，或是吃的時候再酌量撒上即可。

3. 常備菜若是從冰箱取出，可先用微波以600W加熱1分鐘再進行料理。

4. 步驟3亦可用火力1000W的小烤箱烤至表面金黃(約5分鐘)。

12

讓人饞涎欲滴的
紅寶石

甘酒牛奶

蔬菜多多三明治

櫻桃(さくらんぼ)

甘酒牛奶
甘酒ミルク

常被問到每天照片都會有的兩杯白色飲品是什麼，答案是「甘酒牛奶／豆漿」。用牛奶或豆漿當基底，除了甘酒還可依喜好加入奇亞籽、黃豆粉或芝麻粉等。經發酵而產生甜度的甘酒幾乎可取代砂糖，睡前來杯熱甘酒亦可幫助睡眠。P.215對於甘酒有更詳細的介紹，並分享如何自製米麴甘酒。

P.215

每天早上都攝取甘酒與優格兩種發酵食品

材料：

甘酒、奇亞籽、黃豆粉、芝麻粉、牛奶等

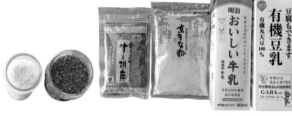

Tips：

1. 除了甘酒，其他材料都可以照自己喜好增減，也很推薦改用無糖豆漿。

2. 因粉類不易化開，可先加入一點牛奶拌勻之後再續加至要喝的量。

 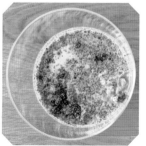

日本水果之產地與品種的二三事
日本の果物の産地と品種

　　日本水果的種類雖不及台灣，但「品種」可説是讓人看得眼花撩亂；各品種的口感、滋味與價格也都有著很大的差異，即便看得懂日文也會有選擇困難症！

　　以水蜜桃為例，最常見的是「白鳳」與「白桃」兩大系。7～8月是白鳳盛產季，果肉較軟且多汁；白桃產季則是8～9月，口感偏扎實、平均甜度較高。比較特別的是「あかつき」，綜合這兩個品種各自的優點改良而來，很受日本人喜愛。

　　黑色系的巨峰、紅葡萄系的甲斐路，與近年人氣扶搖直上的麝香(マスカット)所屬的綠葡萄系，若把進口葡萄也算進去，竟多達40幾個品種！選麝香葡萄時可以挑顏色偏黃一點的，甜度較高；喜歡巨峰滋味卻又不愛剝皮吐籽的話，推薦「ナガノパープル」這個改良品種。

　　日本冬天至初春的風物詩──草莓，品種更是超過50種。產量第一的栃木縣產「とちおとめ」甜中帶點酸、香氣濃，是關東地區主要消費的品種；以「紅、圓、大、美味」的頭文字來命名的福岡縣「あまおう」，可説是紅遍日本；而靜岡縣「紅ほっぺ」則是在尺寸、酸甜度的平衡與風味上贏得青睞，是近年的人氣品種。

1	4	7	10
2	5	8	11
3	6	9	12

1.農家直送，市面上少見的「紅秀峰」品種／2.甜中帶酸，果肉扎實，滋味濃郁，吃過一次就回不去了／3.全國有近8成的櫻桃產自山形縣，超市最常見的為「佐藤錦」這個品種／4.滋味類似巨峰葡萄，有著濃濃的葡萄味／5.最棒的是無籽且皮可食用，不僅滋味濃郁，營養也不流失／6.近年新寵兒：麝香葡萄，100g要價323円，實在不便宜／7.並非麝香品種就是品質保證，塔西也踩過雷。挑選時可選顏色偏淡的綠黃色較甜／8.李子的品種也多到讓人眼花／9.栃木縣產的「とちおとめ」，因產量大，價位較親民／10.來自福岡縣，被日本人視為「品質保證」的あまおう，可謂一分錢一分貨／11.看到這標籤別以為是一盒100円，只是減價100円喔／12.這標籤則是321円打95折，漢字「引」有「折扣」之意

蔬菜多多三明治：高麗菜版本
キャベツたっぷりのサンドイッチ

　　還記得第一次在Instagram上看到夾了滿滿高麗菜絲的三明治照片，印象深刻之餘，也讓塔西聯想到以前在台灣常吃的燒餅生菜沙拉！

　　高麗菜絲有著清爽的甜味與清脆的口感，很適合搭配多種配料，除了容易取得的火腿、培根、起司，還可以加上酪梨、荷包蛋、炒蛋或水煮蛋等不同料理方式的蛋，或是加入冰箱裡現有的菜肴，如薑燒豬肉或咖哩炒牛肉等也很方便。

　　塔西還試過高麗菜＋香菜＋厚切火腿，用一點魚露調味再擠上越式辣椒醬，在悶熱的早晨很開胃。也可製作成紅蘿蔔版本，作法請見P.50。

將刀子以「前後慢慢移動」的方式切開三明治就能有美麗的切面

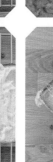

材料：2人份

a. 吐司 2片

b. 高麗菜 140g

c. 厚培根 4片

d. 雞蛋 1個

e. 起司片(焗烤用起司) 1片

f. 美乃滋 2大匙

g. 黑胡椒、法式芥末醬 適量

1	4
2	5
3	6

作法：

1. 將高麗菜切絲後放入碗中，加入黑胡椒與美乃滋拌勻。

2. 一片吐司放上起司片，另一片什麼都不放，置於烤箱內烤至起司融化、顏色金黃。

3. 沒有放起司的吐司上塗上法式芥末醬。

4. 以平底鍋煎培根與荷包蛋，並放在有起司的那片吐司上。

5. 取一大張保鮮膜並放上步驟4的吐司，將步驟1的高麗菜小心往上堆疊。

6. 蓋上步驟3的另一片吐司，用手稍微按壓讓全體更加密合。包上保鮮膜時用強一點的力道可防止切開後散開。

13

凝結了**千萬滋味的**小金塊

自製油醋沙拉醬

可爾必思（株）發酵奶油發酵奶油

SONO 限定商品

自製油醋沙拉醬
オリーブオイルとバルサミコ酢の
ドレッシング

　　利用市售初榨橄欖油與巴薩米克醋，以2:1的
比例，就能快速製作出美味的沙拉醬；如果用的
醋酸度較高，也可以加入蜂蜜來調整。在日本，
歐洲進口食材上的選擇很多元，有機會來旅遊的
話，除了日式調味料，也很推薦去進口食材店或
是各大百貨的歐洲食品展尋寶。

1	2
3	4	5

1.本店在義大利Torino，目前全球有多家分店的
EATALY，店內的商品非常齊全，也提供輕食、Pizza
、三明治等料理／2.日本各大百貨都會定期舉辦歐洲
各國的食品展，甚至能買到市面上沒有流通的商品
／3.若過酸，可利用蜂蜜調整味道／4.再加點法式芥
末，單純用來拌番茄也很開胃／5.除了常見的番茄、
甜椒、雞肉／火腿／培根之外，也適合製成金桔或草
莓為主的水果沙拉

EATALY Japan ⓘ eataly.tokyo、ⓕ EatalyTokyo、ⓖ EATALY Japan

SONO 限定商品
SONO 限定商品

　除了STUDIO M'，Marumitsu還有另一個比較偏業務用的品牌「SOBO-KAI」，直營店「SONO」則集結了兩個品牌的「白色」餐具於一堂。當雙手捧著盤子陷入猶豫時，店員的一句：「這款是當店限定」，馬上讓塔西消解心中的疑慮，帶著它回東京啦！

　從北海道到沖繩、元旦到耶誕，除了食品與各式土產品，就連通年販售的餐具、雜貨都可以有店鋪或是數量限定商品；對「限定」兩個字沒有抵抗力的人而言，這真是一大考驗。

　還記得在專門學校念「雜貨經營科」時，課堂中就提到除了要針對季節、天氣、節日來調整商品的擺設與布置，還要不定期推出限定商品等，才能吸引顧客定期來店。日本的雜貨、選品店之所以怎麼逛都逛不膩，除了發掘新商品，店家用心的將各式餐具做不同的搭配，也能刺激自己擺盤的創意。

　以下幾家都是塔西很常逛的店鋪。

SONO@Nagoya，白色餐具非常好搭配餐點，很適合送禮

TODAY'S SPECIAL ⓘ cibone_ts、ⓕ cibone.ts、ⓖ TODAY'S SPECIAL

AKOMEYA TOKYO ⓘ akomeya_tokyo、ⓕ akomeya.jp、ⓖ AKOMEYA TOKYO jp

CLASKA Gallery & Shop "DO" ⓘ claska_do、ⓕ claska.do、ⓖ CLASKA Gallery & Shop "DO"

1.TODAY'S SPECIAL：糖果展、文具展……色彩繽紛的主題區總讓人流連忘返／2.中川政七商店：從食品、餐具、料理道具到衣料品等，很標準的日式「雜貨店」／3.AKOMEYA TOKYO：KOME是日文中「米」的發音，YA則是「屋」；店裡除了真的有販售各種「米」之外，跟「食」相關的商品也非常多樣／4.WISE・WISE tools東京中城店：以日本國內的餐具、道具為主軸，選品中不乏傳統中帶有創意的商品／5.CLASKA Gallery & Shop "DO"：以設計師的眼光選品，除了有日本傳統的手作商品，也精選了國外的雜貨，和洋兼具卻無違和感

中川政七商店 ⓘnakagawamasa7、ⓕnakagawa.masashichi、ⓖ中川政七

WISE・WISE tools ⓘwisewisetools、ⓕWISEWISE.tools、ⓖWISE WISE tools

可爾必思株式會社發酵奶油
カルピス株式会社特撰バター

　明治維新之後，以「非發酵」方式製作的奶油開始在日本廣為流傳，也是現今的主流；而西元前60年左右就開始食用奶油的歐洲，至今仍是以加入乳酸菌發酵的傳統製法為大宗。2009年，法國奶油品牌ÉCHIRÉ MAISON DU BEURRE在東京開了全世界第一間專門店後，發酵奶油的風潮便開始在日本慢慢「發酵」。除了歷史悠久的小岩井純良奶油與名廚愛用的可爾必思特撰奶油，這幾年如雪印、四葉等也都推出小容量的發酵奶油，在物產館或百貨公司等也能買到小農的商品，風味各有其特色。

　同時品嘗這兩種不同製法的奶油，便能明顯感覺到發酵奶油的滋味較為豐富，甚至帶點酸味，搭配烤得外酥內軟的吐司，真的很銷魂。一般超市幾乎都買得到發酵奶油，喜歡奶油的人來日本遊玩可別錯過囉！

1
2 3 4

1.2.東京丸之內的ÉCHIRÉ專賣店：販售用發酵奶油做的各種點心以及相關商品，非常受到日本人喜愛／3.在VIRON的餐廳可「單點」高貴的ÉCHIRÉ奶油來搭配他們的人氣法棍／4.在巴黎的超市，ÉCHIRÉ的價格實在太佛心，去玩時每天早上卯起來吃

ÉCHIRÉ Japan ⓖ ECHIRE Japan ／**よつ葉** ⓞ yotsuba_milkproducts_official、ⓕ よつ葉乳業株式会社、ⓞ よつ葉バター類

1.「マーガリン」是「乳瑪琳」而非正統奶油,「発酵バター入り」指的是「有添加發酵奶油」之意,別買錯了喔/2.少數日本乳業例如よつ葉,也有製作發酵奶油,風味各有特長/3.從製作乳酸飲料「可爾必思」而衍伸出來的人氣商品,カルピス特撰バター的高品質受到許多名店愛用,風味與口感也真的很棒,已成為塔西家冰箱必備食品之一/4.具百年歷史的小岩井純良發酵奶油,以自家農場採收的牛奶為原料,遵循歐洲的傳統製法,有不少忠實粉絲

カルピス特撰バター Ⓖカルピス特撰バター 　／**小岩井純良バター** Ⓖ小岩井純良バター

14

走進超市肉品櫃，一窺堂奧

沙茶羊肉起司半熟蛋開放三明治

葡萄牙 Cutipol GOA 系列餐具

沙茶羊肉起司半熟蛋開放三明治
野菜とラム肉の沙茶醬炒めでオープンサンド

在異鄉，沙茶醬是快速料理出台灣味的好幫手，搭配洋蔥、紅蘿蔔、青椒與牛肉／羊肉／雞里肌肉等一起翻炒，視覺滿分。厚片吐司抹上美乃滋，放上滿滿的料與起司後烤至金黃，再來顆半熟荷包蛋，台味十足的開放式三明治！

尤其近年日本掀起了台灣風潮，除了旅遊雜誌與書籍，甚至還有台灣料理的食譜書，台式調味料對許多「哈台」的日本人來說可一點都不陌生；而「誠品生活」於登陸東京日本橋的同時，也引進了許多台灣特有的調味料呢！

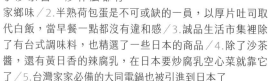

1.沙茶羊肉與空心菜，有了沙茶醬，炒什麼都有家鄉味／2.半熟荷包蛋是不可或缺的一員，以厚片吐司取代白飯，當早餐一點都沒有違和感／3.誠品生活市集裡除了有台式調味料，也精選了一些日本的商品／4.除了沙茶醬，還有黃日香的辣腐乳，在日本要炒腐乳空心菜就靠它了／5.台灣家家必備的大同電鍋也被引進到日本了

誠品生活日本橋 ⓘ eslite_japan、ⓖ 誠品生活日本橋

葡萄牙 Cutipol GOA 系列
ポルトガルのクチポール - ゴアシリーズ

　　第一次看到這款餐具馬上聯想到日本產品設計大師柳宗理的黑柄系列。雖然都是不鏽鋼與黑握柄的組合，但材質上略微不同。Cutipol GOA的握柄材質為樹脂，柳宗理的黑柄部分則是樺木；刀叉部分，Cutipol採用的不鏽鋼18-10比柳宗理的18-8更高一級；視覺上一個圓潤，一個俐落；重量及握感也相差很大，唯一相同的就是「手工製」。

　　實際使用Cutipol來享用各式料理，整體輕巧、易於施力，銳利的刀峰、固定力卓越的叉子，以及線條優美且有極佳觸感的湯匙……家裡其他的刀叉再也沒有出場的機會啦！

1.不只設計很美，實用性也高，握柄好握，輕輕施力就能切開食物／2.趁著去葡萄牙時前往里斯本的店鋪朝聖／3.柳宗理大師的黑柄系列有著不一樣的氛圍

日本超市的「肉品」與「特賣日」
日本のスーパーの「精肉」と「肉の日」

走進日本超市的肉品區，一字排開的牛、豬、雞，各式不同部位以及切法、肉片的厚薄等，分類之多讓人眼花撩亂；但當你盤算好想煮鍋玉米蘿蔔排骨湯、用帶骨雞腿燉香菇雞湯，偶爾奢侈來煎個鴨胸、羊排、帶骨牛小排……任你逛他千百回也找不到！

因飲食習慣的不同，想買台灣常見的帶骨雞腿以及排骨比想像中來得不易，即便是肉品專區都有難度。P.91照片中的羊肉片，是逛了不同區域的各大小超市才覓得，至於排骨，更是專程搭車到上野的阿美橫町才買到，一般超市能買到肋排就要偷笑了。

雖然種類較少，不過每個月29日為「肉の日」(日文裡「29」的諧音與「肉」一樣)，可以趁著特賣日購入高級日本國產牛肉感受小確幸。有些餐廳、燒肉店也會在這天針對肉類料理做促銷活動，可說是大啖日本牛的好機會呢。

1.走進上野的地下食品街會讓人瞬間忘了自己身在東京／2.看到這旗子就知道這天會有肉品的折扣／3.到了耶誕節不僅能買到「帶骨雞腿」，還有「全雞」，完全驗證了日本人真的很愛在耶誕節吃烤雞或炸雞。雖然不易買到帶骨雞腿或排骨，但卻買得到各種不同切法的雞翅，飲食文化差異隨處可見

15

新生青梅與陳年味噌
交織出的風味

波佐見燒：h+ 八角盤

Pasco 超熟 ENGLISH MUFFINS

梅子味噌醬

Pasco 超熟 ENGLISH MUFFINS
パスコ 超熟 イングリッシュマフィン

在台灣，除了麥當勞的滿福堡，英式瑪芬並不是那麼普及，但在日本的超市可説是隨手可得。特殊的口感與風味，即便只是搭配發酵奶油與蜂蜜都可以很美味。而除了經典原味，還有全麥(全粒粉)、裸麥(ライ麦)與酒漬葡萄乾核桃(くるみレーズン)可選擇，來日本旅遊時可別錯過喔！

1.塗上奶油起司後烤至焦黃，撒上核桃、淋上蜂蜜或糖漿，不僅濃郁且口感多變／2.記得一定要烤至焦黃，簡單放上發酵奶油與蜂蜜就很美味／3.各大超市都很容易找到這款超熟英式瑪芬／4.添加了裸麥的版本，除了特有的香氣，還能咀嚼到顆粒，同時攝取食物纖維／5.有預先做了切痕，讓你用手就能輕鬆撥開

Pasco ENGLISH MUFFINS 🅞 pasco.jp、🅖 Pasco イングリッシュマフィン

波佐見燒：h+ 八角盤
波佐見燒：h+ hakkaku シリーズ

　　第一眼看到這款來自波佐見町的長型八角盤，除了輕薄，俐落中帶點手作的視覺效果是吸引塔西目光的最大因素，微微透光的白瓷以簡約輕巧的設計呈現，不管西式、日式或是中式，都很易於做搭配。

　　有400多年歷史的長崎波佐見燒，起源是日本戰國後期發生的「萬曆朝鮮之役」時，日本的藩主從朝鮮帶回了一位陶藝工。他不僅在村內建造了登り窯(一種建造在斜坡上且連續的窯)，也因發現了良質的陶土而開始製作瓷器。

　　位在長崎縣的波佐見町，其實與有田燒產地的佐賀縣有田町比鄰。聞名國際的有田燒以製作精美為其特徵，因價格不菲，非一般庶民可入手。江戶時期，波佐見的職人以大眾商品為主要目標，利用巨大的登窯一次製作大量商品來降低生產成本，這樣的方式讓波佐見燒的餐具普及至整個日本，再加上耐用的特性，奠定了它在日本市場的高市占率。

　　1965年創立的「堀江陶器」與4位生活雜貨專家合作，創出「h+」這個品牌。「h」是波佐見(hasami)的頭文字，「+」則是指「附加」團隊的巧思，有多個系列餐具與少部分的家飾品。

不管是盛放菜肴、麵包、甜點或水果皆很適合

h+ ⑥ horietouki、⑥ 堀江陶器 h+

1.2.3.在很多雜貨店鋪都可見到波佐見燒的蹤跡，CLASKA獨家的「比熊犬」、「小紅帽」與「青鳥」系列，可愛又纖細的模樣令人愛不釋手／4.品牌「HASAMI」的這個系列是以50～60年代，美國鄉間的咖啡店所用的食器為設計概念，容易清洗又不用太細心呵護，非常實用／5.蕎麥麵必備三款餐具：盛裝麵的有田燒、醬汁的波佐見燒與藥味(蔥與薑末等)的益子燒／6.波佐見的拼音為HASAMI，跟日文的剪刀同音，所以品牌的Mark就用了剪刀圖樣，讓人印象深刻／7.左：緣起物「祝い鯛」(iwaitai，與我想要祝賀你同音)，緣起物指的是能帶來好運的物品，紅白兩色的組合也包含其中，而日本人自江戶時代便習慣在慶賀時享用鯛魚料理；右：日文的「おしどり」是鴛鴦之意，一般常用「おしどり夫婦」來形容感情很好的夫妻。白色器皿上的為雄，紅色為雌，這樣的設計非常適合用來送給新婚的夫婦。精緻的木盒上有著現代畫風的圖樣，裡頭裝的卻是精緻的日式器皿，別出心裁

梅子味噌醬
梅味噌

青梅可用於製作梅酒(詳情見P.219)、梅子糖漿、蜂蜜梅醋、梅子味噌……其中梅子味噌更是料理的好幫手,拌蔬菜、搭配肉品或是當成沾醬都很適合。

梅子味噌材料:便於製作的量

a. 青梅 300g

b. 味噌 300g

c. 砂糖 210g

青梅:味噌:砂糖=1:1:0.7

以梅子味噌醬拌蔬菜,相當清爽開胃

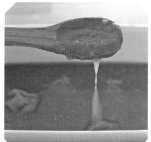

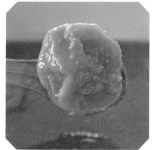

作法：

1. 準備含蓋的琺瑯或玻璃器皿，以味噌、梅子、砂糖的順序層層交疊。

2. 完成後蓋上蓋子置於陰涼處，每2、3天稍微搖晃盒子。

3. 梅子富含的水分、精華漸漸釋出，水分會越來越多。

4. 待梅子變皺，整體呈現濃稠狀就完成了。照片為約1個月後的狀態。

5. 最後梅子呈現梅干狀，梅肉跟梅子味噌醬汁皆可用於料理、拌沙拉、沾蔬菜棒等，用途很廣。

Tips：

1. 除了梅子味噌，梅子醋也很簡單，以梅子：醋：冰糖=1：1：0.6製作，用冰糖讓整體非常清爽。

2. 喜歡蜂蜜風味的話，就用蜂蜜取代冰糖，比例相同，更加濃郁，怕一般的醋過酸也可用蘋果醋取代。

3. 約莫2個月後就能享用，夏天可以氣泡水稀釋，再加顆冰塊就很消暑；冬天加熱水則能讓身子暖起來。

16

風格萬千的味噌湯

喜八工房漆器碗

培根洋蔥味噌湯

金平蓮藕

金平蓮藕
レンコンのきんぴら

　　除了常見的金平牛蒡，也可以製成蓮藕、紅蘿蔔、青椒的版本，只要掌握幾個基本的調味料：味醂、料理米酒及醬油，食材跟滋味都是可以做變化的。比方紅蘿蔔版本可撒上一些黑芝麻，蓮藕來點辣椒爆香，牛蒡用點醋增添風味，喜歡麻油香氣的，也可用芝麻香油拌炒。

製作金平系列不可或缺的三寶：醬油、味醂與料理酒。濃口(こいくち)醬油顏色深、味道醇；薄口(うすくち)醬油鹹味較明顯，可讓食材盡量維持原本的色澤，覺得麻煩用一般的就可以囉！

	1
2	3 4

1.配飯、下酒甚至放在麵包上加上起司焗烤都很適合／2.蓮藕切薄片，稍微泡一下醋水後瀝乾，再以芝麻香油爆香辣椒(怕辣可去籽)後加入蓮藕拌炒／3.建議的調味比例為料理酒：味醂：醬油＝1：1：1，依序放入拌炒至水分收乾。因每款醬油鹹度差異大，可依照自家喜好調整／4.一次大量製作的話可裝入保存盒當作常備菜

喜八工房漆器碗
喜八工房の汁椀

漆液是漆樹的樹液經加工後所製成天然塗料,有耐熱、防潮、耐酸、防腐等效用,再加上其質地堅硬的特質,在日本很常被用於餐具、家具、樂器或是工藝品。由於製程費時費工,一般漆器的價格都不菲。

日本是漆器大國,國內有超過30個以上的產地,以山中漆器、越前漆器、會津漆器以及紀州漆器這4大產地最為知名。其中山中漆器的最大特色是「木地挽轆轤」,利用類似製作陶器時用的圓形轉盤來製作出輕薄的器皿,跟一般常見圓潤飽滿的漆器有很大的不同,創立於1882年的「喜八工房」可說是山中漆器的老店之一。

一般漆器為了增加強度,會上數層漆液,視覺上也偏厚重;山中漆器除了整體給人俐落的印象之外,能用眼欣賞、用手感覺到天然的木紋也是吸引塔西的一大要因。

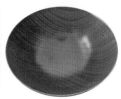

1.一般漆器多以紅、黑兩色為主／2.漆琳堂的aisomo cosomo系列,不管是顏色還是配色都讓人眼睛為之一亮／3.山中漆器的老店「喜八工房」／4.山中漆器與一般傳統的渾圓造型不同,輕薄俐落與美麗的木紋是亮點

喜八工房 Ⓕkihachikobo、Ⓘ 漆器の喜八工房 ／ **漆琳堂** Ⓘshitsurindo、Ⓕ shitsurindo、Ⓖ漆琳堂

培根洋蔥味噌湯
ベーコンと玉ねぎの味噌汁

　要說味噌湯是最能讓日本人感受到家鄉味的料理，那一點也不為過；甚至還衍伸出「希望你每天早上能為我做味噌湯」這樣的求婚台詞，不難想像味噌湯在日本人心目中的地位。

　在台灣，講到味噌湯裡的「料」，大多會聯想到豆腐、海帶及柴魚片等，但日本人對於味噌湯裡的用料可說是創意十足；除了各種蔬菜、豆腐、豆皮與菇類的組合，帶有洋風的「培根、鑫鑫腸、蛋包、番茄、花椰菜」等都是選項。不妨試試依自己的喜好來做碗獨一無二的味噌湯吧！

超市、食品專賣店等也有非常多口味的乾燥味噌湯包供選擇

1.洋蔥培根味噌湯／2.豬肉與紅白蘿蔔，也算是簡單版「豚汁」／3.加了高麗菜能讓味噌湯更加鮮甜

103

17

質樸溫暖的故鄉之愛

手工製麵包木盤

鄉村麵包佐起司蜂蜜

鮭魚酪梨沙拉

鮭魚酪梨沙拉
サーモンとアボカドのサラダ

鮭魚與酪梨的「美肌」效果，可説是料理中王道的組合之一。可生食的鮭魚片除了直接享用，利用初榨橄欖油與巴薩米克醋做成洋風的沙拉也很適合。

材料：2人份

a. 鮭魚(生魚片用) 100g

b. 酪梨 1個

c. 檸檬汁 1/2小匙

d. 初榨橄欖油 1小匙

e. 鹽巴、巴薩米克醋、番茄 適量

作法：

1. 將鮭魚和酪梨切成約1cm立方體，放入碗中並撒上適量鹽巴，再加入檸檬汁(可防止酪梨變色)與初榨橄欖油後拌勻。

2. 裝盤後周圍放上番茄，整體淋上初榨橄欖油(分量外)與巴薩米克醋即完成。

酪梨與蝦子也是王道組合之一

「故鄉納稅」制度之回禮：手工製麵包木盤
「ふるさと納税」返礼品：手彫りのパン皿

愛用的木盤是透過日本「故鄉納稅」(ふるさと納税)制度得到的謝禮。在日本，每年除了繳交給中央政府的所得稅之外，還需要繳付「住民稅」給居住地的自治體，作為教育、社會福利與行政服務等資金。

跟許多國家一樣，日本的人口集中在某幾個較大的都市，導致各個城鄉所徵收到的稅收差距極大。「故鄉納稅制度」最初的用意是為了平衡城鄉間稅收不平衡，可透過「捐款」的形式自行決定自治體與金額，在報稅時再將其金額用「扣除額」的方式來抵扣掉少數所得稅與大部分的住民稅。這樣一來，離鄉背井的人可以捐給自己的故鄉，又或是你想特別支援哪個地區也可以。有些自治體為了答謝捐款人，會回寄當地的特產品當作謝禮(市值約為捐款額的3成)。聽起來非常棒的制度，是吧！

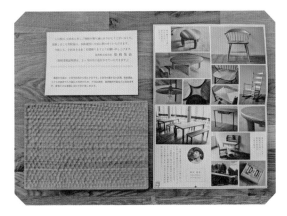

收到禮品的同時也會收到「感謝函」

近年不僅專用網站林立，各自治體也祭出各式各樣的「回禮」想要博得眾多納稅人的歡心，可說是「故鄉納稅爭奪戰」。但也因為這個制度，衍生出不少問題，比方東京的稅收頓時少了非常多，又或是有些自治體以各式禮券、高額或非當地產的商品等當作回禮來「搶客源」。所以從2019年6月開始，政府會嚴格審視各自治體提出的企劃，希望能提供更多可以刺激當地經濟與觀光的回禮來吸引納稅人，也讓制度更加公平且完善。

1	4	7	10
2	5	8	11
3	6	9	

1～6.回禮的種類有許多種,不管是高價的櫻桃、葡萄、芒果,還是平價的橘子、水梨與水蜜桃,產地直送的美味真的是無法言喻／7～9.蔬菜、海鮮與各類加工品樣樣不缺,可說是主婦的好幫手／10.精釀啤酒、一般啤酒、梅酒、日本酒,都能在家開居酒屋了／11.做工精細的小椅子

107

鄉村麵包佐起司蜂蜜
田舎パン／バゲット＋チーズ＋ハチミツ

　　旅行時，最喜歡購入當地的果醬、蜂蜜與乳製品。果樹、蜜蜂採蜜的花兒又或著是乳牛們享用的牧草，都能充分反映出該地方的氣候、空氣與土壤等獨特的風味，農家自製商品更是首選。

　　味道樸實的鄉村麵包，搭配起司再淋上一點蜂蜜或是果醬，用味覺喚醒旅途中的點滴，是塔西喜歡的方式。

在蘇黎世採集的蜂蜜，當然要搭配當地的乳酪

1.只要有好吃的法棍與食材，不用上餐廳也有高級享受／2.3.4.只要行程安排得宜，利用保冰袋與保冷劑帶回奶油與起司也非難事

出國最喜歡逛超市，能買到當地的產品更是開心；如果有farmer's market，更是不能錯過，蜂蜜、起司、麵包與點心都能成為囊中物；無法帶回的牛奶、優格與水果，就在當地盡情享用

東京生活之兩人早午餐

ふたりの朝食風景

　　每天睡前，腦中便開始構思隔天早餐的菜色，要搭配什麼麵包、該用哪些器皿盛裝主菜、麵包與水果，只要想好了就能安心入眠。

　　而另一半除了專責沖泡咖啡、挑咖啡杯，最大的任務便是要想辦法把這天所有的杯杯盤盤「收」進一個無形的框框裡，兩人滿足的照完相後再一起慢慢享用……即便已經是日課，依舊令人期待又興奮！

18

隨音符躍動的 手風琴馬鈴薯

瑞典陶藝家 Marie-Louise Sundqvist 的作品

手風琴馬鈴薯

Le Petit Mec 檸檬法棍

瑞典陶藝家 Marie-Louise Sundqvist 的作品

スウェーデンの Marie-Louise Sundqvist さんの作品

　　這對可愛的陶杯購入於星野集團位於八ヶ岳南麓RISONARE Yatsugatake內的NATUR(ナチュール)店鋪。男主人在瑞典學習家具設計與製造，女主人則是專精於布品相關設計；兩人在當地長住了10年之後回到日本，並於2004年在山梨開設了NATUR這家店。北歐雜貨在日本有著一定比例的市場，許多生活雜貨的店鋪都有相關或類似商品，但逛久了就會發現各家商品都大同小異。

　　店內擺設與商品不僅充滿濃濃的北歐風，還有機會偶遇北歐新銳設計師的作品；當年意外逛到這家店，對於瑞典陶藝家Marie-Louise Sundqvist的杯子愛不釋手，購入後也沒見過東京有任何店鋪販售類似商品，真是非常幸運。

　　RISONARE Yatsugatake雖沒有輕井澤的星野來的有名，但也因此較為幽靜，逛起來非常舒服，有機會到山梨觀光的話不妨到這裡晃晃，說不定會有意外的驚喜。

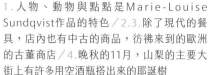

1.人物、動物與點點是Marie-Louise Sundqvist作品的特色／2.3.除了現代的餐具，店內也有中古的商品，彷彿來到的歐洲的古董商店／4.晚秋的11月，山梨的主要大街上有許多用空酒瓶搭出來的耶誕樹

NATUR Ⓖ 星野リゾート リゾナーレ八ヶ岳 ナチュール

Marie-Louise Sundqvist Ⓘ marielouisesundqvist 、Ⓕ marielouise.sundqvist 、Ⓖ Marie-Louise Sundqvist

Le Petit Mec 檸檬法棍
ル プチメックのバゲット・シトロン

說到「京都」的「食」，很多人可能會先想到高級的懷石料理、日式便當或和菓子等傳統日式料理、甜點，但當地人可不是餐餐都吃得很日式。根據日本總務省統計局所做的家計調查，京都市的麵包消費量與消費金額在日本全國排行榜上是常勝軍，再加上京都人對「食」的堅持是出了名的有原則，也讓京都的麵包店不僅水準高、種類豐富，店鋪密集度也很驚人。

位於京都今出川的Le Petit Mec於1998年始業，以其招牌的法式麵包擄獲許多京都人的心。這幾年陸續開了幾家不同風格的店鋪，各有其招牌商品，造訪京都時都會去朝聖。幸運的是在東京也買得到，從原味法棍，到其他店鋪較少見的檸檬法棍、生火腿法棍、綠橄欖起司法棍等，都是塔西家餐桌上的常客。

1.東京日比谷店位在Hibiya Chanter的1F／2.各種法棍的外皮其烤色、厚度皆異，口感各具特色／3.因為不能事先預約，能買到什麼都看緣分／4.沒在別家店看過的檸檬法棍，除了帶有嚼勁的口感，藏身其中那酸甜微苦的果肉更是讓人傾心

Le Petit Mec ⑥ lepetitmec、ⓖ Le Petit Mec OFFICIAL

1.由上而下分別為：綠橄欖起司、リュスティック(Rustique，含水量較多，適合做三明治)、原味法棍╱2.麵包的種類多達數十種╱3.各種三明治也都非常美味

手風琴馬鈴薯
ハッセルバックポテト

　　樣子討喜、口感特別的手風琴馬鈴薯作法不難，還可依照喜好變換口味；在切片中間夾入培根、蒜片或起司等都很不錯，快來動手試試吧！

材料：2人份

a. 馬鈴薯　4顆

b. 橄欖油／奶油　適量

c. 起司、培根、蒜片等　適量

Tips：
切得越薄烤出來越美麗。

中途可放入其他不需要烤那麼長時間的食材一起料理，方便又豐盛

1	4
2	5
3	6

作法：

1. 利用刷子先將馬鈴薯外皮刷洗乾淨。

2. 將馬鈴薯置放在砧板上，並於上下方放上免洗筷，可預防馬鈴薯被切斷。

3. 以約0.3cm的寬度，等間隔切片(頭尾的部分須注意不要切斷)。另外準備一大碗清水，將馬鈴薯的切口朝下泡水約10分鐘。

4. 瀝乾水分用紙巾拭乾後，在切片間塗上橄欖油，上方刷上橄欖油或直接放上一塊奶油。

5. 切片間亦可夾入起司、培根或蒜片等材料。

6. 送進預熱至230℃的烤箱烤30～40分鐘。

117

19

紅綠交疊的

盛夏滋味

焗烤櫛瓜番茄佐肉醬

益子燒：烤皿

草月 黑松銅鑼燒

草月 黑松銅鑼燒
菓子司 草月のどら焼き黒松

這款名為「黑松」的銅鑼燒有著特殊的虎斑模樣，淡淡的黑糖與蜂蜜的香甜，入口後鬆而不軟的餅皮與帶有顆粒感卻又綿密的紅豆餡，整體的口感、甜度有著絕妙的組合，讓人吃過一次就留下深刻印象。

離「草月」最近的「東十条駅」雖然與大家所知的東京都心有點距離，但因有知名美食記者岸朝子的加持與電視節目的介紹，週末的排隊人龍可説是日常風景。同區域還有賞櫻名所「飛鳥山公園」，或是日劇、漫畫常出現「赤羽駅」一帶，適合規畫一趟特別的行程。

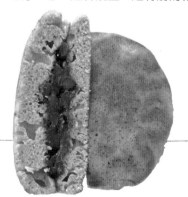

1
2 3 4

1.昭和氛圍的店內 ╱ 2.每日有限量，看到這張紙就快點進店裡吧 ╱ 3.10、15或20個裝的簡易盒裝版本很適合送禮用 ╱ 4.虎斑模樣是一大特色

菓子司 草月 黑松 草月 公式

119

益子燒：烤皿
益子焼：オーブン皿

　「益子燒」泛指在栃木縣芳賀郡益子町周邊所生產的陶器。因當地陶土的特質使其質感溫潤、質地偏厚重，而且顏色較深，與印象中的日本傳統陶器相似。而近年有不少較為現代與獨創，或是花心思使其重量減輕的設計，讓人們對益子燒的印象改觀，在許多選品店也都可以看到其蹤跡。

　從1966年開始，當地於每年春天的黃金週(4月下旬～5月上旬)與秋天的11月3日前後，會舉辦為期數天的「益子陶器市」，除了約50間的店鋪共襄盛舉之外，露天攤位更多達500個，是非常大規模的陶藝市集。有興趣的人不妨上益子町觀光協會網站查詢活動日期與前往方式。

民宿早餐的內容豐富又美味，食器都是來自益子的創作家

東京←──→益子交通方式 Ⓖ茨城交通関東やきものライナー

益子町觀光協會 Ⓘmashiko_kankou、Ⓕmashiko.kankou、Ⓖ益子町觀光協會.jp

1.2.寧謐的景色、夜晚的星斗，遠離東京塵囂的益子町／3.益子的咖啡店裡非常有水準的餐點，視覺、嗅覺、味覺都讓人很滿意／4.溫馨的民宿：益古時計

カフェ＆ギャラリー＆ステイ益古時計 ⓕmashikokanda、ⓖ益古時計

焗烤櫛瓜番茄佐肉醬
ズッキーニとトマトのチーズ焼き

　　櫛瓜與番茄的盛產期皆在夏季，趁著當令跟起司
一起焗烤，再放上炒好的咖哩風味雞或豬絞肉末，
不管是視覺或是味覺都是一大享受。

材料：2人份

a. 櫛瓜 1條

b. 中型番茄 2～3顆

c. 焗烤用起司、鹽巴、黑胡椒、橄欖油 適量

d. 炒好的肉末 隨喜好添加

作法：

1. 將櫛瓜與番茄切成約0.5cm厚片，依序交疊排放在烤皿中。

2. 撒上鹽巴與黑胡椒，淋上橄欖油。

3. 炒好的肉末可以一起烤，或是烤完之後再放皆可。

4. 鋪上焗烤用起司。

5. 放入預熱至200℃的烤箱烤15分鐘，金黃的烤色讓人食慾大開。

20

沉浸在黃澄澄的玉米田裡

瀨戶內海的檸檬蛋糕

香煎玉米餅

Zermatt Bakery 貝果

Zermatt Bakery 貝果
ツェルマットのベーグル

　如果要塔西推薦東京的貝果，這家肯定名列前茅。位於寧靜住宅區的一角，雖不是專賣店，但每天都會出爐多種口味；以季節性蔬果搭配奶油起司與堅果類等，組合非常新鮮、多樣，每次都想全部各來一個！

　不過貝果是暢銷商品，再加上每天出爐的口味不同，建議當天早上以電話先請店家預留或是早點前往。買完後散步至附近的善福寺川綠地，不管是欣賞春天的櫻花還是秋天的銀杏，在草皮上悠哉地享受美味貝果，簡直是完美行程呢！

1	
2	3

1.每次去都能買到各種組合的貝果／2.有著紅棚子、木邊門與天然酵母麵包的Zermatt／3.秋天季節的善福寺很有英國的氛圍

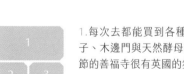

Zermatt Bakery zermatt.pan、天然酵母 Zermatt ／**善福寺川綠地** 善福寺川綠

瀬戶內海的檸檬蛋糕
すっぱい瀬戶田レモンケーキ

　　走進位在銀座的廣島物產館，映入眼簾的是廣島產的新鮮檸檬與琳瑯滿目的相關商品，這款包裝袋上印有「すっぱい」(帶有酸味)字樣的檸檬蛋糕吸引了塔西的目光。

　　以未使用石蠟、防腐劑、防黴劑的エコレモン品種檸檬與日本國產麵粉為原料，加了檸檬皮的蛋糕體與用檸檬汁做的內餡，整體的酸甜度恰到好處，比起淋上白巧克力的檸檬蛋糕，塔西更喜歡這款可以品嘗到檸檬味兒的蛋糕。

　　說到物產館，東京的銀座、有樂町一帶可說是選擇最多的區域，花上一天就可以買到超過20個縣市的當地名物，有效率又省交通費！商品從新鮮的蔬果、肉品、米到各式具當地特色的食品加工品，更不乏當地知名老舖的點心、紀念品或工藝品等。有些面積較大的店舖，還會附設餐廳，讓你完整體驗當地特色。

1.沒有裹上白巧克力的檸檬蛋糕／2.銀座的地標「和光」百貨／3.4.廣島館「tau」，除了各式物產，也有職棒廣島鯉魚隊的相關商品。2F則有知名的「熊野筆」與廣島燒餐廳

tau SETOUCHI HIROSHIMA ⓘ tauhiroshima、ⓕ tau.hiroshima、Ⓖ tau SETOUCHI HIROSHIMA

1	4	7	10	11
2	5	8		
3	6	9		

1.充滿熊本熊的熊本館！樸實美味又平價的「松風」餅乾很受當地人喜愛／2.3.4.石川館除了當地的特色美食、精緻工藝品與知名的金箔美容品，2F天花板的設計更是令人驚豔，值得一訪／5.每到週末都擠滿人的沖繩館／6.從啤酒、蔬果到泡麵、罐頭，可一窺沖繩人的飲食習慣／7.館內也提供沖繩美食／8.有龍馬坐鎮的高知館，少不了知名的柚子相關商品及當地特色咖哩包／9.長野的物產豐盛，蘋果、葡萄、蕎麥、果醬、甜點等，適合當伴手禮／10.11.離日本橋較近的長崎館也很具特色，除了蜂蜜蛋糕、各式乾麵條、咖哩包、調味料等，也販售如波佐見燒等陶器，還能在店裡享受一碗現做「強棒麵」

瀬戶田 梅月堂 Ⓖ瀬戶田 梅月堂　　／各物產館介紹特輯 Ⓖアンテナショップ特集

香煎玉米餅
とうもろこしのかき揚げ

在日本，只有夏天才產新鮮玉米，其中以北海道產量最大。利用新鮮玉米粒製作的這道料理，風味口感皆佳，是塔西家餐桌上的常客。

材料：2人份

a. 新鮮玉米 1根

b. 中型雞蛋 1個

c. 麵粉 50g

d. 水 約50mL

e. 白芝麻油(沙拉油) 2大匙

f. 鹽巴 1/4小匙

g. 黑胡椒 適量

<table>
<tr><td>1</td><td>4</td></tr>
<tr><td>2</td><td>5</td></tr>
<tr><td>3</td><td>6</td></tr>
</table>

作法：

1. 玉米煮或蒸熟後利用刀子將玉米粒取下。準備一個碗打入蛋並加入約50mL的水(兩者合計約100mL)，攪拌均勻後加入麵粉，以攪拌器輕拌數下(無須過度攪拌，還看得到有麵粉殘存的狀態即可)。

2. 將新鮮玉米粒和鹽巴加入碗中，利用刮刀拌勻。

3. 在小型平底鍋中放入2大匙的白芝麻油並以中火加熱，熱鍋熱油的狀態下將玉米粒麵團倒入鍋中。

4. 利用矽膠刮刀或是鍋鏟等整成厚度均一的圓形。

5. 翻面後輕輕按壓能讓密合度更良好。

6. 享用時撒上現磨黑胡椒更加美味。

21

以酪梨與鮮蝦
在餐盤上做幅畫

淺焙咖啡

鮮蝦酪梨沙拉佐優格醬汁

「辻和金網」不鏽鋼網架
辻和金網 足付焼網と焼網受

創業80餘年的京都「辻和金網」，以手工編織的各式網狀道具聞名，實際觸摸過濾茶器、湯豆腐專用勺或是手編網等商品，其做工之精美，更是讓塔西嘖嘖讚歎。

入手這個網架已經十幾年，耐用、易於清理、方便收納都是其優點，但最重要的是可以烤出外酥內軟又帶有誘人焦香的吐司，放上發酵奶油一起享用，絕品！除了吐司，烤蔬菜、麻糬、一夜干以及海鮮等也都非常適合。

湯豆腐用的撈網與泡茶用的濾茶皆為手工編織，做工精細，整體觸感滑順，幾乎沒有刮手之處

1.與「金網つじ」是不同店鋪，別搞混了。金網つじ的底部為陶瓷製，辻和金網則都是不鏽鋼材質／2.塔西當年買的時候還沒有這種一體成型的款式／3.底部的細網能讓熱源平均分散／4.上下可分開使用的好處是能輕鬆用直火烤扇貝

辻和金網 ⓘ tsujiwakanaami 、ⓖ京都 tujiwa.jp

鮮蝦酪梨沙拉佐優格醬汁
えびとアボカドのヨーグルトサラダ

　　酪梨除了生吃，「炸」與「烤」在日本也是常見的料理方式。將烤過的酪梨淋上一點點檸檬汁與橄欖油，放上裹了優格醬汁的鮮蝦，再利用綠葉與番茄擺盤，視覺、味覺都到位。經加熱的酪梨口感帶點膨鬆，與緊實的蝦肉搭起來很合，清爽的優格醬汁非常適合胃口未開的早晨。

材料：2人份

a. 酪梨 1個

b. 帶殼蝦子(或蝦仁100g) 6尾

c. 無糖優格 2大匙

d. 蜂蜜 1/2小匙

e. 海鹽、白胡椒、檸檬汁、橄欖油 適量

f. 芝麻葉或其他葉菜類生菜、番茄 適量

1	2
3	

作法：

1. 利用烤網將酪梨烤出網紋。

2. 在碗中將材料c～e拌勻，加入去殼、去腸泥後燙熟的蝦子稍微翻拌。

3. 酪梨上淋些許檸檬汁與橄欖油，放上步驟2的鮮蝦與全部醬汁，周圍以芝麻葉與番茄裝飾。

淺焙咖啡
浅煎りコーヒー

　　來自美國的Blue Bottle Coffee在全世界引起一陣「精品咖啡」風潮；創始人James Freeman在接受採訪時曾提到，創立之初受了非常多日本「喫茶文化」的影響，位在東京南千住的café Bach(カフェ・バッハ)便是其中一家。店主田口先生對咖啡豆的產地有著堅持，使用自家烘焙豆子，坐在吧檯的位子更是可以欣賞到手沖咖啡的過程。

　　以前來日本旅遊時，既苦又濃的深焙咖啡與充滿煙味的空間，是塔西記憶中的「喫茶店」。然而，隨著Blue Bottle於2015年在東京的清澄白河開了海外第一家分店，日本的咖啡市場逐漸有了變化，除了傳統喫茶店與滿地開花的星巴克，淺焙咖啡也開始展露頭角。輕井澤起家的丸山咖啡、東京中目黑小有名氣的ONIBUS，或是來自挪威的FUGLEN等，都吸引了許多喜歡淺焙咖啡的人前往。

1.Blue Bottle Coffee嚴謹的SOP讓手沖的水準非常穩定／2.青山店也提供虹吸咖啡／3.手沖、義式各有擁護者，甜點、三明治的表現也頗有水準／4.品川店靠窗的位子能看著人來人往，尤其早上的人流很驚人

BLUE BOTTLE COFFEE ⓘ bluebottlejapan、ⓕ Blue Bottle Coffee Japan、ⓖ blue bottle coffee jp

		4	7	10	13	15	16
1		5	8	11			
2	3	6	9	12		14	17

1.2.3.café Bach：1968年創業的老店，週末的客人絡繹不絕；從淺焙到深焙皆有，價格合理、風味獨到；甜點的水準簡直是飯店級／**4.5.6.7.丸山咖啡廣尾店**：平日晚上客人不多，是能好好享受咖啡的時刻；各式甜點有建議搭配的咖啡，非常貼心；即便是義式咖啡，也是用單一產地的咖啡豆，每次的風味都有變化；義式甜品Affogato(アフォガート)，絕品／**8.9.10.ONIBUS**：近年在網路上非常火紅，常遇到韓國與台灣的觀光客來朝聖；手沖咖啡用的皆為淺焙豆子；後方就是烘豆機，塔西很常在這裡買豆子／**11.12.13.FUGLEN**：1963年創立於挪威，代代木公園店是他們第一家海外分店，人潮可想而知啊！早上8點開始營業，晚上也供應酒精類飲品；店內的北歐家具讓人忘了身在東京／**14.15.16.17.FUGLEN淺草店**：兩層樓，空間更加寬敞；造訪這天，即便是週末下午，2F卻格外寧靜；淺焙咖啡與義式咖啡都深得我與另一半的心；歐洲很普遍的薄式鬆餅，淋上蜂蜜享受簡單的美味

ONIBUS ⓘ onibuscoffee 、 ⓕ onibuscoffee 、 Ⓖ onibus coffee ／ **FUGLEN** ⓘ fuglencoffee_tokyo 、 ⓕ fuglencoffeetokyo 、 Ⓖ fuglen

22

拼湊出**屬於自己**的調色盤

手工印製之波蘭盤

藜麥玉米酪梨番茄沙拉

SHOZO COFFEE STORE 豆乳全麥司康

藜麥玉米酪梨番茄沙拉
穀物と野菜たっぷりのサラダ

　　週末的早晨，花點時間準備一道有著穀物、蔬菜與蛋白質的沙拉，不管是配色、口感還是滋味，都無可挑剔。左方照片中從12點方位順時鐘依序是雞胸肉火腿、小番茄、藜麥、酪梨(沒有酪梨也可用蘆筍或綠花椰菜取代)、押麥(經處理壓扁後的大麥)、玉米。將番茄、酪梨與玉米烤過會更加香甜。

1.藜麥、押麥依標示以滾水煮熟 / 2.番茄、酪梨切成適當大小跟玉米一起放入耐熱烤盤，撒上鹽巴、淋上橄欖油送進烤箱烤至酪梨上色 / 3.撒上綜合香草、現磨黑胡椒與些許海鹽，再淋上初榨橄欖油，調味全看自己喜好 / 4.分樣擺盤讓整體看起來很豐盛

SHOZO COFFEE STORE
豆乳全麥司康
ショウゾウ コーヒー ストアの豆乳全粒粉スコーン

前往Blue Bottle青山店時，卻意外與本店在栃木縣那須的SHOZO COFFEE STORE COMMUNE 246相遇！木造的外型、小巧的店鋪、店外人手一杯印有大象圖樣的飲品，忍不住誘惑走進店裡；充滿咖啡香的空間、吧檯前擺滿了各式餅乾與多種口味的司康。外帶了較少見的全麥司康，回烤後搭配Clotted Cream或是發酵奶油與果醬，充滿麥香的滋味令人上癮。

另一間位在北青山，空間較寬闊的店鋪，則會不定期與不同店家合作，提供限定的甜點等。比方與TORAYA CAFÉ・AN STAND(羊羹名店「虎屋」旗下店鋪)合作推出維多利亞紅豆覆盆莓海綿蛋糕等，美味中不失創新。

1.能嘗到麥香的全麥司康，搭配Clotted Cream與自家製果醬／2.SHOZO COFFEE STORE北青山店／3.除了多種口味的司康，還有各式手工餅乾和果醬

SHOZO COFFEE ⓘ shozo_information 、Ⓕ CAFESHOZO 、Ⓖ shozo coffee 1988 ／ **TORAYA CAFÉ** ⓘ torayacafe 、Ⓖ toraya cafe

可以拿來放起司的造型盤(Cheese Lady)，屬於造型比較特殊的商品

手工印製波蘭盤
手作りのポーリッシュポタリー

約莫10年前，在東京六本木之丘的波蘭展上，第一次親眼見到這來自靠近德國邊界的小鎮Boleslawiec所出產的陶器。除了被它的顏色、花樣吸引之外，可以用於洗碗機、烤箱以及微波爐的多用途，可說是讓塔西購入的臨門一腳。

陶土採自小鎮近郊，從成形、燒窯、繪製、上色，到最後的上釉工程，全程皆為手工製作，所以每件作品的線條、色調都獨一無二。最大的特色就是那緻密、有規則的模樣，特別是這些花樣皆是透過「蓋印章」的方式，一個一個印製到器皿上，最後再描繪線條、著色等。

除了杯、壺、碗、盤，因其可進烤箱的特長，蘋果造型、專門用於「烤蘋果」的器皿更是吸睛。花樣部分則依品牌各有特色，歷史最悠久的BOLESŁAWIEC與Ceramika Artystyczna是兩大製造廠，在全世界擁有許多愛好者。

相較於台灣，日本的貨源較充足，搜尋「ポーランド 食器」便能找到相關商品與店鋪資訊，也提供兩個有直營店鋪的網站給大家參考。

盤面大、深度夠，又能送進烤箱，在塔西家的出場頻率非常高

KERSEN (f) kersenjp、(ig) ケルセン

右下圖：可以烤蘋果的器皿

多年前在六本木之丘的「波蘭展」與這些美麗的餐具第一次相遇

Ceramika Artystyczna ⓘ ceramikaart 、 ⓕ CeramikaArtystyczna1950 、 ⓖ セラミカ アルティスティチナ

141

23

美味又繽紛的珠寶盒

sou・sou 杯盤組

Pelican Bakery 吐司

放滿心愛食材的珠寶盒

Pelican Bakery
ペリカンの食パン

　手動拉開Pelican的門，映入眼簾的是櫃上那一袋袋貼著紙條的吐司和餐包，空氣中則是充滿了小麥與奶油的香氣。1942年創立於淺草地區，從一般的麵包店演變至目前只賣吐司與餐包兩類商品，除了零售，也供貨給淺草一帶許多餐飲業者。2017年開設的Pelican Café更是吸引了許多麵包迷前往朝聖，每到週末總是一位難求。

吐司類的原料只有麵粉、砂糖、奶油、酵母與鹽巴，純樸的美味

餐包類則比吐司類多加了蛋，烤過後的香氣更濃

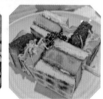

1.2斤的吐司，可以依照不同使用情境切成不同厚度，非常方便／2.醒目的紅色篷子子上印著一隻可愛的鵜鶘／3.4.Pelican Café：如遇上需要排隊，別忘了在門口的板子上登記自己的名字喔；將「淺草火腿」的厚火腿裹粉炸過，搭配高麗菜絲、特製醬汁與黃芥末，屬於重口味

Pelican Bakery パンのペリカン ／ **Pelican Café** asakusapelicancafe、パンのペリカン カフェ

放滿心愛食材的珠寶盒

ぎゅうぎゅう焼きトースト

　　只要幾個小小的動作，就能將厚片吐司化身為珠寶盒。不管是鹹口味的培根酪梨，還是酸甜好滋味的水果奶油起司(如柑橘類、奇異果、葡萄或香蕉等)，都是好選擇。

材料：2人份

a. 厚片吐司 2片

b. 酪梨 1顆

c. 塊狀培根、奶油起司(Cream Cheese)、黑胡椒 適量

切下來的吐司可以塗上
奶油享用，一片吐司兩
種吃法

1	4
2	5
3	6

作法：

1. 在吐司邊緣往內約寬0.5cm處，前後移動刀子慢慢地往下切，切記不要切到底。

2. 被開底的那面置於下方，在正面以刀沿著麵包邊內側往下切，另外三邊也重複此動作。

3. 小心取出白麵包體。

4. 吐司越厚所能創造的空間越大。

5. 將塊狀培根、酪梨切丁，奶油起司分小塊，隨意放入後撒上黑胡椒。

6. 可用鋁箔紙包住吐司邊防止過焦，以烤箱烤至材料上色即可。

Tips：

如果覺得步驟6包鋁箔紙這個程序很麻煩，在吐司邊塗上奶油起司就能防止過焦，方便也美味。

sou・sou
SOU・SOU

　設立於2002年，大本營在京都的sou・sou，最初是將日本的風物呈現在各式紡織品上，近幾年更延伸至餐具、生活用品和食品等商品上。

　塔西第一次造訪京都時，入手了口金零錢包與印有數字的「足袋下」。足袋是指搭配和服時直接穿在腳上的服飾，概念有點類似西方的襪子，特別之處在於大拇指與另外四指分離，方便你穿上日式的草履(搭配和服用)或下駄(木屐)等特殊鞋類。足袋下這個詞是個造語，指的是足袋樣式的襪子。

　商品從襪子、風呂敷(用於打包物品後可直接帶著走的布品，可將其視為環保袋的一種)、手ぬぐい(可當手帕或簡易毛巾)、衣服等布製品延伸至布製口金包等。近幾年將其設計的圖案應用到許多生活用品，甚至台灣的大同電鍋等廠商都有跟他們合作，結合台日特色，非常有創意。

1.與岐阜的MR.BOSS合作推出的杯盤組／2.東京青山店／3.從地毯到櫃子都充滿了巧思／4.熱門招牌商品：印有數字的「足袋下」

sou・sou ⓘ sousoukyoto 、 ⓕ SOUSOUKYOTO.JP 、 ⓖ sou sou

鞋子、襪子、伊勢木棉手巾、錢包、衣服、環保袋、點心等，商品非常多樣。家裡除了杯盤，還有襪子、毛巾、伊勢木棉手巾、手機殼、雨傘、錢包、零錢包……忠誠粉絲無誤。

嫩薑培根蛋蔬菜三明治

吉田パンコッペパン

算計過的

粉嫩好滋味

24

吉田パン

Lucky Bread 吉田パン

　　本店位於「龜有」的吉田パン，師承自1948年於盛岡創業的「福田パン」。自家製的大號「コッペパン」(狀似台灣的熱狗麵包)與多種獨家餡料是最大賣點，除了Menu上的選項，客人也可以任意做搭配，組合無限大；每個月還會推出限定口味，滿足喜歡多變的客人。

　　白白胖胖的麵包與餡料皆為每天現做，因數量有限，想單買麵包還有限量呢！鬆軟樸實的麵包鹹甜通吃，很適合帶去公園野餐。

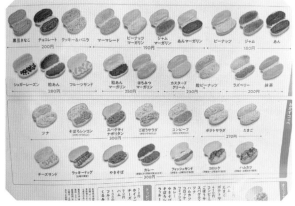

| 2 |
| 1 | 3 | 4 | 5 |

1.帶著美味的麵包到公園野餐，十分愜意／2.提供超過30種口味供選擇，甚至可以自己任意搭配／3.本店位於「龜有」的吉田パン／4.定期會推出限定口味／5.所有餡料皆為自家製，現點現夾，喜歡怎麼搭就怎麼搭

吉田パン ⓘ c_yoshidapan、Ⓖ吉田パン

「熱狗麵包」及「吐司」專賣店
コッペパンと食パンの専門店

　　狀似熱狗麵包的コッペパン是日本人去美國取經後所開發，並在太平洋戰爭時被當成配給糧食中的主食。二次世界大戰後因米食供給量不足，便利用美國支援的麵粉來製作コッペパン當成學校營養午餐的主食，對許多日本人而言是既熟悉又懷念的滋味。純樸的味道與便於夾餡的形狀，鹹甜通吃；經典代表為炒麵麵包(焼きそばパン)以及直接將整個麵包炸過後沾上砂糖或黃豆粉(揚げパン)。

　　自從電視節目《妙國民糾察隊》介紹了盛岡的「福田パン」後，引發了熱狗麵包的風潮，類似的店鋪可說是遍地開花。另一個如雨後春筍般開幕的，便是「吐司專賣店」。不過曾在電視上看到許多以新奇的店名、裝潢與包裝來吸引人的專賣店，實際上店內製作麵包的卻都是對做麵包毫無經驗的生手，實在有點吃驚。所以別看SNS上的排隊人潮就以為一定美味啊！

1.坊間的麵包店雖然沒有吐司專賣店的華麗包裝，但不僅用料實在，價格也很親民／2.「俺の」事業群從義大利餐廳開始竄紅，現在已有12個品牌，吐司專賣店也是其中之一／3.THE CAPITOL HOTEL TOKYU附屬的麵包糕點店「ORIGAMI」評價很好，就連他們也跟著風潮推出高級吐司／4.「365日」麵包店之各種吐司，比起多數是以加盟方式展開的吐司專賣店，塔西還是比較喜歡麵包職人做的吐司

食パン専門店 利 ⓘ bread_toshi 、 ⓕ toshisyokupan
銀座に志かわ ⓘ ginza_nishikawa 、 ⓕ gnk0362632400 、 ⓖ 銀座に志かわ　／乃が美 ⓘ nogami_official 、 ⓖ 乃が美

糖煮嫩薑
新しょうがの甘煮

嫩薑除了可以做成一般的糖醋薑片，還能做成「果醬」！搭配冰淇淋、做成薑汁汽水、加到紅茶裡；製作三明治時抹上薄薄一層，不管是搭配豬肉還是雞肉都很美味。

材料： 2人份

a. 嫩薑 250g

b. 細砂糖 150g

c. 檸檬 半顆

作法：

1. 嫩薑洗淨切細末，連同糖一起入鍋稍微攪拌，靜置2～3小時後會產生水分。開小火並以耐熱刮刀不停攪拌，煮至整體量濃縮至一半。

2. 關火加入檸檬汁拌勻，顏色也會瞬間變粉嫩。放入洗淨的保存罐中置於冰箱可存放一個月。

培根、蛋與高麗菜絲的三明治裡來點嫩薑提味很不賴

搭配雞肉與櫛瓜的開放式三明治或是加入咖哩等都很棒

25

火烤的香氣，
令人食指大動

台中俊美松子酥

日本三大國民麵包品牌　　熱壓三明治

俊美松子酥
俊美食品の松の実パイ

　　許多外國人對台灣伴手禮最有印象的莫屬「鳳梨酥」了。但台灣還有這麼多美味的點心，不好好宣傳不是太可惜了嗎?!不過如果送禮對象是日本人的話，會建議避開帶有「鹹」口味的內餡，例如夾有肉末的綠豆椪等。因為日本人對於這類「圓狀」點心的既定印象就是「日式饅頭」的延伸，所以當他們吃到裡頭包「肉」的時候會覺得違和感十足啊！

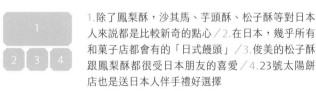

1	
2	3	4

1.除了鳳梨酥，沙其馬、芋頭酥、松子酥等對日本人來說都是比較新奇的點心 / 2.在日本，幾乎所有和菓子店都會有的「日式饅頭」 / 3.俊美的松子酥跟鳳梨酥都很受日本朋友的喜愛 / 4.23號太陽餅店也是送日本人伴手禮好選擇

俊美食品 f juinmeeiTW、 ◎俊美食品 / **23號太陽餅店** f 23suncakes、 ◎23號太陽餅店

日本三大國民麵包品牌
日本の三大パンメーカー

　　喜歡把事物標準化的日本人，對於吐司也是有些「規定」的；在麵包店看到「1斤」這個單位，可別以為是台灣的1台斤＝600g，日本對「1斤吐司」的定義是340～500g，若少於340g可是違法的喔。而超市或超商販售的吐司幾乎都是1斤裝。

　　除了重量，「厚度」也有依據，1斤約為12cm立方體，所以4片裝的一片厚度約3cm、5片2.4cm、6片2cm，還有8片與10片，甚至是去邊的12片裝，方便用來做三明治；可依據喜歡的口感、料理用途來選購，非常貼心。有趣的是，關東關西地區喜好大不同，在「厚片」為大宗的關西，並非每家超市都買得到8片、10片的商品呢。

　　Pasco、ヤマザキ(山崎)與フジパン是超市裡最常見的三個麵包品牌；而強調嚴選材料、國產麵粉、沒有多餘的添加物、不使用乳化劑等宣言的Pasco「超熟」系列，是消費者在超市就能購得高品質的吐司。

1

2　3

1.各種形狀、口味的餐包，讓早餐有更多變化／2.每年春天這三家都會舉辦「集點抽／換贈品」的活動。Pasco每年的抽獎的贈品都不太一樣，ヤマザキ(山崎)固定推出白瓷的餐具，而フジパン則會以Miffy為主題結合不同商品作抽獎／3.舉辦了40年的山崎「春のパンまつり」，是集點就送的活動，幾乎滲透每個日本家庭，塔西也曾努力吃麵包換贈品呢！

Pasco ⓘ pasco.jp、ⓕPasco.JP、ⓖPasco 超熟

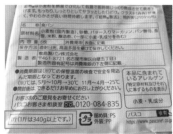

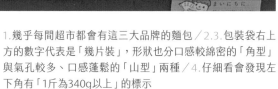

1.幾乎每間超市都會有這三大品牌的麵包／2.3.包裝袋右上方的數字代表是「幾片裝」，形狀也分口感較綿密的「角型」與氣孔較多、口感蓬鬆的「山型」兩種／4.仔細看會發現左下角有「1斤為340g以上」的標示

ヤマザキ Ⓘyamazakitchen_official、Ⓖヤマザキ食パン ／フジパン Ⓘhonjikomi_fujipan、Ⓖフジパン

熱壓三明治
ホットサンドイッチ

　　很喜歡熱壓三明治那焦香的風味，不管鹹甜都很適合。火腿、起司搭蜂蜜百吃不膩，甜口味可用苦甜巧克力片或花生醬搭配香蕉，鹹甜都可用核桃增添口感。

材料：2人份

a. 吐司　4片

b. 火腿片　2～4片

c. 起司片(焗烤用起司) 2片

d. 美乃滋、嫩薑果醬、核桃、黑胡椒　適量

1	4
2	5
3	6

作法：

1. 準備有著貓咪與乳牛紋路的熱三明治器，當然普通的熱三明治器也可以。

2. 吐司塗上些許美乃滋與嫩薑果醬，放上火腿、核桃與起司，再撒上黑胡椒。

3. 開小火加熱三明治器後，可先上點油比較不容易沾黏。

4. 建議不要用太厚的吐司，切邊或不切邊皆可。

5. 最難的應該是控制火侯，多練習幾次就會抓到訣竅。

6. 雖然家裡也有插電式的熱三明治機，但還是覺得爐火直烤的麵包比較香。

26

躍升爲主角的 堅果小兵

鋸齒奇異果

綜合堅果起司三明治

MAJANI 巧克力

鋸齒奇異果
ギザギザキウイ

　　在Instagram上總是會看到許多人替餐桌上的水果做點變化，鋸齒奇異果不僅吸睛，重點是一點都不難！

材料：2人份

奇異果 1顆

作法：

1. 從「中廣」的地方斜斜的下第一刀，深度約達中心點，接著就以畫山峰的方式切一圈。

2. 只要切得夠深，輕鬆就能用手「拔」開。

3. 花不到3分鐘就可以切出漂亮的鋸齒奇異果。

Tips：

有些水果刀的刀尖部分較為圓潤，不適合用來切鋸齒狀。

單一產地可可豆之巧克力
シングルオリジンのチョコレート

日本人每年消費巧克力的總量雖然沒有歐洲大多數國家來得多，但在亞洲可說是傲視群雄。尤其愛過節且消費能力高的特性，每年的情人節都吸引了全球知名巧克力廠商的目光，紛紛為日本設計獨家商品，也讓日本的市場更加多元。對許多巧克力迷來說，三越伊勢丹每年主辦的SALON DU CHOCOLAT活動更是不可缺席的年度盛事。

走進日本超市的巧克力專區，除了長青商品之外，還有不斷推出的新商品、限定口味等，選擇之多讓人眼花撩亂。競爭激烈的消費市場，「產地可可豆」(Single Origin Chocolate)的商品可說是這一兩年崛起的新秀，不管是超商乃至高級專門店，都可見其蹤跡。

1.2.3.每年的西洋情人節，日本各地都會有巧克力展，除了精緻的小冊子，甚至會邀請海外的知名巧克力職人到現場舉辦活動

MAJANI為創立於1796年的義大利巧克力品牌，這款用的是來自PERU的可可豆

meiji ⓘ meiji_the_choco、ⓕ thechocolate.meiji、ⓖ meiji THE Chocolate jp

就像紅酒或咖啡豆的概念一樣，可可豆也會因產地呈現出不一樣的風味，苦味偏強、酸味明顯、富有果實香、帶點核果味等；甚至成形的大小、形狀，都會影響口感與氣味，這才發現原來品嘗巧克力也有這麼多學問。有些店家會推出產地可可豆的巧克力飲品，不僅完全顛覆自己印象中那甜滋滋的熱可可，還能品嘗出層次豐富、帶有不同果香的滋味，很值得一試。

1.AEON超市買得到自有品牌的產地可可豆巧克力片／2.Minimal堅持親自到產地選豆，所有商品都在東京的工廠內製作／3.丸山咖啡廣尾店能享用到用Minimal巧克力製作的飲品，這杯SAVORY品嘗得到清涼的薄荷味，濃郁卻爽口／4.來自舊金山的DANDELION CHOCOLATE，這幾年在日本很火紅，店鋪數甚至比美國還來的多／5.除了有Bean to Bar的板狀巧克力，還有巧克力醬、點心和可可茶等商品／6.點了以MAYA MOUNTAIN. BELIZE可可豆製作的Single-Origin hot chocolate，帶點酸味的可可飲品，彷彿在吃沾了巧克力的草莓，很迷人的滋味

Minimal 🄸 minimal_beantobarchocolate、🅕 minimalchocolate、🄶 Minimal chocolate jp
DANDELION 🄸 dandelion_chocolate_japan、🅕 DandelionChocolateJP、🄶 DANDELION CHOCOLATE jp

綜合堅果起司三明治
カマンベールチーズとナツたっぷりの
サンドイッチ

　　以卡門貝爾起司、果醬與各式堅果製作而成的三明治，
除了作為早餐，簡單快速的作法且沒有汁液的特性也很適
合放入便當盒裡當午餐。

材料：2人份

a. 吐司 2片

b. 卡門貝爾起司(CAMEMBERT) 半個(50g)

c. 藍莓果醬 1大匙

d. 無鹽綜合果仁(切小塊) 50g

作法：

1. 取2片吐司，其中一片放上橫向切半的起司(切面貼合麵包體)，另一片吐司則什麼都不塗。送入烤箱烤至上色後，將沒有起司的吐司塗上藍莓果醬。

2. 取一大張保鮮膜，放上塗有藍莓果醬的吐司，將綜合果仁全數放上。

3. 蓋上另一片吐司後用保鮮膜緊緊包住，以「前後移動刀身」的方式小心切開(因堅果較硬，如果有波浪狀刀具會更好切)。

4. 香氣十足的堅果、濃郁的起司與酸甜的藍莓果醬非常搭，對喜歡堅果的塔西來說簡直超完美。

Tips：

1. 吐司若用葡萄乾吐司也很適合。

2. 事先將無鹽綜合堅果放入烤箱，以100℃烘烤10分鐘，風味跟口感都會更好。

27

綠色花束的

獻禮

小川軒蘭姆葡萄夾心餅乾

烤花椰菜雞胸肉佐起司

烤皿

烤皿的魅力
オーブン皿／グラタン皿の魅力

　　烤皿是準備豐盛的早午餐不可或缺的好幫手，只要將材料備好放進烤盤，送進烤箱後就可以邊泡咖啡等著料理出爐大口享用，還不用開火動鍋呢！喜歡利用烤箱做料理的塔西，購入了許多可運用的餐具。從容量50mL的小缽、中型湯碗到可以烤整模起司蛋糕的烤盤，材質也包含了陶器、半陶瓷器、瓷器、琺瑯以及鐵器。

　　如何判斷該餐具能否承受烤箱的高溫烘烤呢？在日本購買餐具時，許多店家都會貼心標示該商品是否能用於微波爐(電子レンジ)、烤箱(オーブン)、洗碗機(食器洗い乾燥機)、瓦斯爐(直火)等，讓顧客可以考量自己的使用狀況做挑選，也不用擔心餐具因使用不當而損壞。

　　若無標示，除了詢問店員，有時也能以外觀作為參考，通常為了能穩固拿取超高溫的器皿，都會有耳朵或把手。

	オーブン	電子レンジ	食洗機	直火
陶器	×	○	×	×

1.家中可以送進烤箱的烤盤、烤缽們／2.部分餐具會直接貼上標示／3.最常看到的是文字標示

小川軒蘭姆葡萄夾心餅乾
小川軒のレーズンウィッチ

　　酥脆、帶有奶油香氣的餅乾，夾著特製Cream與滿滿的蘭姆酒葡萄乾，甜度適中，口感豐富。跟知名的北海道六花亭的奶油夾心餅乾有著截然不同的風味，是一款大人的點心。

　　第一代店主於1905年在東京汐留開了西洋料理餐廳，之後移轉至新橋，在第二代的兩兄弟努力之下，不僅在法式料理的領域精進，也開發出這款蘭姆葡萄夾心餅乾。

　　第三代的老大繼承了代官山的法式餐廳，老二則留在新橋專注於製作糕點，老三則是在御茶ノ水經營洋食店。目前這三家都買得到蘭姆葡萄夾心餅乾，風味、口感也有些許差異，各有擁護者。三家其實都很美味，但塔西最喜歡代官山店的口味。

1.每家的盒子都是白底黃標，但形狀跟字型等設計有些許差異。此為代官山小川軒的包裝／2.餅乾、奶油、蘭姆酒葡萄，代官山店的不管是口感還是甜度都拿捏的恰到好處／3.代官山店在關東地區某幾間高島屋會不定期有週間限定的販售活動，比去本店要方便許多

代官山 小川軒 Ⓖ代官山 小川軒 jp ／**御茶ノ水 小川軒** Ⓖ御茶ノ水 小川軒

1.新橋店的地理位置很好，合理的價格是許多人買伴手禮的好選擇／2.新橋店的最大特色是餅乾酥脆，搭配濃郁的奶油與蘭姆酒葡萄乾，能充分享受不同口感／3.御茶ノ水店的餅乾酥脆度較低，整體甜度最低，較為爽口／4.北海道六花亭的「奶油夾心餅乾」也常被拿來一起比較，因奶油內餡添加了白巧克力，整體偏甜，餅乾的部分也比較柔軟

巴裡 小川軒 新橋・目黑 ◎paris_ogawaken、ℹraisinwich、Ⓖ巴裡 小川軒 新橋.jp

烤花椰菜雞胸肉佐起司
ブロッコリーと鶏むね肉のチーズ焼き

透過加白酒或水,再以約200℃左右的高溫烘烤,就可以達到「蒸烤」的效果,如此一來不僅花椰菜的口感剛好,就連雞胸肉也很鮮嫩多汁。

材料:2人份

a. 綠／白花椰菜 半株

b. 雞胸肉 1塊(約250g)

c. 法式芥末醬 1/2小匙

d. 橄欖油 2大匙

e. 蒜頭(切薄片) 1片

f. 辣椒 1小根

g. 白酒(水) 1大匙

h. 莫札瑞拉起司(Mozzarella)或奶油起司 約50g

i. 羅勒醬(羅勒葉) 適量

Tips:

雞胸肉較厚的地方可片開,使整體厚度平均。

作法：

1. 用叉子在雞胸肉上數個地方戳洞，以蒜片、1大匙橄欖油、法式芥末與辣椒醃漬15分鐘。再將花椰菜洗淨切成小朵，根莖的部分切成小塊，淋上1大匙橄欖油後拌勻。

2. 撒上鹽巴，淋上1大匙白酒。

3. 將雞肉放在烤盤中央，番茄上下對切，擺放在雞肉周圍。

4. 送進預熱至200℃的烤箱中烤15分鐘，取出後放上起司，再度送回烤箱續烤5分鐘，出爐後在雞肉上放上羅勒醬(葉)即完成。

遊日別錯過的美食與市集
美味しいものと雑貨がある町

　　春天的櫻花、初夏的紫陽花、秋天的楓葉與銀杏、冬天的雪景，除了美麗的風景，來日本不能錯過的還有美食與雜貨市集。

　　在聚集了許多外國人的東京，不管是道地的法式長棍、可頌、還是充滿著魔力的各式咖哩，都能滿足你的胃。至於雜貨，從日式到北歐風應有盡有，甚至是歐洲跳蚤市場的古董，都不會讓你空手而歸。

28

瀰漫著**法國麥香**的 長棍

PRESS BUTTER SAND

VIRON baguette RETRODOR

鹽麴雞胸肉火腿

PRESS BUTTER SAND
プレスバターサンド

　這是一款以「奶油」風味決勝負的商品；將奶油餅乾麵團夾上奶油Cream與焦糖奶油餡，再以特殊的熱壓式方式製作成夾心餅乾。這樣的製程不僅讓酥脆度適中，獨創的「盒子式」造型能完整包覆住口感各異的Cream與焦糖餡，一口咬下便能體驗到三種口感與各自的特殊風味，令人驚豔。

　直營店亦販售現場製作的商品，與盒裝的口感互異，各有擁護者。不同區域店鋪還有限定口味，有機會造訪可買來比較。具設計感的包裝盒，根據口味其袋或盒裝的顏色也不同，可説是送禮良伴。

1.吃一口就會睜大眼睛的口感與滋味／2.關西限定的抹茶口味／3.東京站內有販售現場製作的商品，濃濃的奶油香氣實在很難抵擋／4.不定期在部分車站與百貨有期間限定的攤位，可參考官網清單

PRESS BUTTER SAND ⓘ pressbuttersand 、ⓕ pressbuttersand 、Ⓖ press butter sand jp

VIRON baguette RETRODOR
ヴィロンのバゲットレトロドール

　VIRON是法國知名的麵粉品牌,但在法國並沒有直營的麵包店或餐廳。日本「VIRON Brasssrie」的經營者西川先生不僅取得麵粉的獨家進口權,且為了使用RETRODOR這款麵粉,需同意會使用規定的配方與製程等。但因日本為軟水,法國為硬水,直接參照食譜比例並不可行,職人除了調整水質,還要根據日本的溫度、濕度,每日微調水量等,才能烤出完美的法棍。

　這款法棍有著誘人的烤色與香氣、美麗的割紋與氣泡,在日本買過的法棍中是塔西心目中的No.1。單吃、各式抹醬、沾巴薩米克醋與初榨橄欖油、夾上生火腿與起司再來點蜂蜜,是放上切塊奶油與鈕扣巧克力,怎麼搭都好吃!

　目前日本只有東京的兩家VIRON可以購得以RETRODOR麵粉製作的法棍,分別位於澀谷站與東京站附近,可以直接在Google Map上搜尋VIRON Tokyo即可找到。

1.VIRON招牌:baguette RETRODOR／
2.3.三明治、甜點和常溫點心的選擇很多

VIRON Tokyo 📷 viron_brasserie

1.除了琳瑯滿目的麵包、三明治、甜點，還有一袋袋從法國直接進口的VIRON RETRODOR麵粉／2.麵包種類多，可頌也是招牌之一／3.VIRON丸之內店：離東京車站不遠，店外有著國外的氛圍／4.VIRON澀谷店：2F亦有附設餐廳，熱門的早餐時段常在開店前就大排長龍

鹽麴雞胸肉火腿
塩麴で鶏ハム

　　在日本超市可簡單入手的鹽麴，除了取代鹽巴也適合醃肉，如餐盤中的雞胸肉火腿等，可以讓口感更嫩。亦可參考P.214自己製作鹽麴。

材料： 2人份

a. 去皮雞胸肉　約250g

b. 鹽麴　20g

c. 米酒　1/2大匙

d. 砂糖　1/2小匙

e. 咖哩粉　1/2小匙(隨喜好添加)

Tips：

1. 步驟1亦可用附蓋的保鮮盒取代保鮮袋，並用湯匙等拌勻調味料。

2. 步驟3若是用保鮮盒，記得先用手將調味料均勻塗抹在雞胸肉上使其更易入味。

3. 可一次多做一點，切小段分別用保鮮膜包起放冷凍庫，可保存1個月。

在雞胸肉內夾薑絲後再捲起來，就能享用不同風味

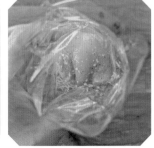

1	4	7
2	5	8
3	6	9

作法：

1. 材料b～e全數放入食物保鮮袋中並以手揉勻。

2. 將雞胸肉放入步驟1袋中。

3. 利用手將袋中的雞胸肉與調味料充分和勻。將袋內空氣擠出，綁緊袋口，置於冰箱冷藏至少半天。

4. 在桌上鋪上一大張保鮮膜並放上醃漬好的雞胸肉。

5. 用筷子將雞胸肉往前捲，再利用保鮮膜包起往前製成肉捲狀。

6. 利用筷子將尾端的肉往內戳以補滿空洞處，可使全體呈圓柱狀。

7. 利用棉繩將兩端綁緊。

8. 備鍋將水煮沸，轉中火後放入雞胸肉火腿煮約8分鐘。熄火後蓋上鍋蓋，待整鍋降至不燙手的程度就能將火腿取出。

9. 切片即可享用，未食用完用保鮮膜包起放冰箱可保存3天。

29

蒐羅日本列島
美食之寶庫

明治 R-1 優格

鎌倉紅谷的核桃小點

櫻花蝦甜豌豆蛋沙拉

明治R-1優格
明治プロビオヨーグルト R-1

日本的優格和優酪乳品牌眾多，所添加的乳酸菌種各有其特色、效用。但每到流感季節，就可見到超市裡有不少客人以「箱」為單位購入明治的R-1系列商品，實在讓塔西覺得有點納悶。

仔細研讀官網，原來是獨家的「1073-R1」乳酸菌可產出大量的ESP(多醣體)，藉此活化NK細胞以達到提升免疫力的效果。如果秋冬來旅行，每天一盒讓自己保持最佳狀態，或許是個不錯的選擇呢！

1	2
3	

1.便利商店、各大超市都買得到的R-1優格／2.加上自家製堅果穀物麥片，淋一點楓糖漿更棒／3.整片紅海全都是R-1的相關商品，店員補貨的量也十分驚人

明治R-1 ⓘ saorin_r1、f r1.yogurt、Ⓖ 明治 R-1 jp

鎌倉紅谷的核桃小點
鎌倉紅谷のクルミッ子

　　日本百貨公司的美食樓層，對塔西來說一直是個怎麼逛都逛不膩的地方！除了獨立櫃位的各式料理、糕點之外，各百貨的「土產選品店」更是讓人流連忘返。例如三越的「菓遊庵」、高島屋的「銘菓百選」、伊勢丹的「名匠銘菓」等專區，網羅了北海道至沖繩的鄉土點心，許多從地方移住到大都市的人都會前往購買懷念的「家鄉味」。因為其中不乏各地名店的人氣商品，所以常常百貨公司剛開門就出現購買人潮。

　　除了整年皆買得到的商品，更值得一逛的便是「季節限定」商品。春天的草莓、夏天的水蜜桃、秋天的和栗、冬天的柚子等口味，以及依日本各大節慶所推出的應景點心，讓你每次前往都有新發現。最佛心的是不會因為聚集在東京就提高售價，不用花交通費就能購入各地特產，怎能錯過呢！

1.2.奶油香的餅乾夾著滿滿的核桃與不過甜膩的焦糖內餡，非常適合搭配黑咖啡一起享用，名為核桃君的可愛小松鼠是稱職的吉祥物／3.來自東北地區，可以嘗到會津產核桃的鄉土點心「くるみゆべし」

鎌倉紅谷 クルミッ子 ⓘkamakurabeniya、⨍Kamakura.Beniya、ⓘ鎌倉紅谷 クルミッ子

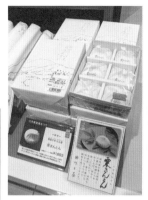

1.秋天不能錯過的就是用「和栗」製作的「栗きんとん」了／
2.日本橋高島屋的「味百選・銘菓百選」精選了很多京都的
知名點心／3.特設專區會依季節和節慶網羅各地人氣商品／
4.除了各式點心，也有固定櫃位會定期安排知名的麵包店來
進行販售／5.原料只有蒸過的栗子與些許砂糖，入口後高雅
的栗子風味與帶點顆粒的口感，喜歡栗子的人絕對不要錯過

三越菓遊庵 Ⓖ三越菓遊庵 jp 　／**すや**Ⓖすや 　／**阿闍梨餅本舗 滿月** Ⓖ阿闍梨餅本舗 滿月

櫻花蝦甜豌豆蛋沙拉
桜えびとスナップえんどうの卵サラダ

　　除了綠色的芥末，日本的黃芥末(和がらし)可説是日式料理的好搭擋；例如當成關東煮、炸豬排的沾醬，或是加入強棒麵湯頭裡一起享用等，製作沙拉時用上一點便可增添辛味，非常方便。

材料：2人份

a. 櫻花蝦　5g

b. 甜豌豆　80g(約10根)

c. 水煮蛋　2顆

d. 美乃滋　2大匙

e. 醬油、砂糖　各1/2小匙

f. 黃芥末醬　1/4小匙

Tips：

1. 如果想要多補充蛋白質，可再多準備一顆水煮蛋，切半置於上方一起享用

2. 利用黃芥末粉製作的芥末醬味道較嗆，可依個人喜好增減用量。

作法：

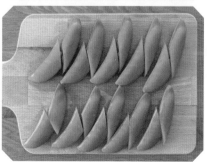 

1. 黃芥末粉3g加上5mL的溫水充分拌勻，蓋上保鮮膜燜4～5分鐘就能化身為黃芥末醬。

2. 將甜豌豆的蒂頭與邊緣的纖維去除。煮一鍋沸水，加入少許鹽巴後汆燙甜豌豆約1分鐘，取出放涼後切半。

3. 材料d～f放入碗中攪拌均勻。

4. 將切成約0.8cm立方體的水煮蛋、櫻花蝦與步驟2的甜豌豆放入步驟3的碗中拌勻即可。

30

令人
流連忘返的
二手市集

DEAN & DELUCA 酒粕吐司

醃漬蔬菜

購自法國跳蚤市集的小碟

DEAN & DELUCA
ディーン・アンド・デルーカ

　DEAN & DELUCA是源自紐約，在日本茁壯的高級食材店鋪。除了販售世界各國的油品、釀造醋、罐頭、煙燻肉品與起司等，也有日本各地的精選商品；令人驚豔的還有熟食、Bakery與Café的餐點，運用當季或日本特有食材，如櫻花、和栗、焙茶、酒粕等開發出許多商品，只要有經過都想進店裡尋寶呢！

　曾推出過的「酒粕吐司」在一般麵包店很少見，酒粕是製作清酒時的副產物，營養成分豐富並帶有淡淡的發酵香，微烤過後再沾點初榨橄欖油與巴薩米克醋，絕配！

1	
2	3	4

1.源自美國，在日本有其獨特的經營風格，雖然美國已經宣布破產，但日本為獨立經營，不受影響／2.常利用季節蔬果推出限定商品／3.少見的酒粕吐司，特殊的香氣實在非常美味，期待能快點復出／4.豆乳(豆漿)吐司也有著純樸的美味，與發酵奶油或是松露蛋都很搭呢

DEAN & DELUCA ⓘ deandeluca_jp 、 ⓕ deandelucaJp 、 Ⓖ dean & deluca jp

購自法國跳蚤市集的小碟
フランスの蚤の市で購入した小皿

在歐洲許多國家，跳蚤市場就像是生活中的一部分，隨時都可以去尋寶。日本的跳蚤市場雖然不如歐洲那麼大規模，但在東京、京都等地幾乎也是週週都有地方可逛。不管是蚤の市、フリーマーケット(Flea Market)、骨董市、ボロ市等都是指二手市場；而手作り市、ハンドメイド(Hand Made)則是手工市集，有些二手市集也會有手作攤位，以吸引更多族群一起參與。

這幾年由手紙社主辦的「東京蚤の市／關西蚤の市」人氣扶搖直上，除了有來自台灣創作者的攤位，特地飛來日本共襄盛舉的台灣人也年年增加；不過這個活動是需要收費且一年只有數次，有興趣的人記得先上官網確認資訊。

1.2.法國楓丹白露宮附近的露天市集，一旁的旋轉木馬很奪目／3.購自法國跳蚤市集的小碟

東京蚤の市 ⓘ tokyonominoichi、ⓕ tokyonominoichi、ⓖ 東京蚤の市 jp ／**關西蚤の市** ⓖ 東京蚤の市 関西

相較於文青風又帶點高級感的東京或關西蚤の市，從1578年開始實施，已有400年以上歷史的「世田谷ボロ市」氛圍更像歐洲的跳蚤市場，只不過每年只有12/15、12/16、1/15、1/16這4天舉辦，再加上場地就是在東京不怎麼大條的街上，所以整條路上充滿了人潮，想要前往的人可要有心理準備。

最後要介紹的是離東京車站不遠、舉辦日期最多、無需購票就能輕鬆逛的「大江戶骨董市」，即便場地不大，卻也集結了日本與歐洲的古物，再加上商品的狀況不錯，吸引不少外國人。

1.「手紙社」是東京蚤の市的主辦單位，除了跳蚤市場，還會舉辦手作市場、布博與紙博等活動／2.來自英國的二手雜貨攤位／3.東京蚤の市在每年春、秋兩個季節舉辦，雖然人非常多，但空間非常寬敞，逛起來還算舒適／4.東京蚤の市內的「東京北歐市」／5.東京北歐市會有許多販售北歐古董、雜貨的店鋪來擺攤

手紙社 ⊙ tegamisha、🅕 tegamisha、Ⓖ 手紙社 　／世田谷ボロ市 Ⓖ 世田谷ボロ市 jp

1	2	6	7
3	4		
	5		

1.2.北海道旭川「cafeゴリョウ」販售的是湯咖哩；栃木鹿沼「アンリロ」(AN-RIZ-L'EAU)提供以當地蔬菜製作的蔬食料理／3.4.5.大江戶骨董市：被綠樹環繞的環境逛起來很舒適，商品也很多元／6.位在京都右京區的松尾大社，不定期舉辦的「亀の市」／7.「亀の市」規模不大，幾乎都是當地人來擺攤

大江戶骨董市 ⨍ oedo.antique.market、⊙ 大江戶骨董市 jp ／**松尾大社** ⊙ 松尾大社

cafe ゴリョウ ⊙ cafe_goryo、⨍ cafegoryo、⊙ cafe ゴリョウ ／**AN-RIZ-L'EAU** ⊙ an_riz_leau、⨍ an.riz.leau

醃漬蔬菜
ピクルス

　醃漬蔬菜除了替餐桌增添繽紛的色彩，也很適合與肉類一起夾入三明治裡，作為開胃前菜、下酒菜，或是搭配咖哩，一役多用。挑選材料時，除了口味的喜好，也別忘了配色；櫛瓜、玉米筍、紅蘿蔔、甜椒、白或綠花椰菜、西洋芹、小黃瓜等，都很適合製作成醃漬蔬菜。

材料：便於製作的量

a. 白酒 100mL

b. 水 75mL

c. 砂糖 40g

d. 鹽 1小匙

e. 醋 100mL

f. 辣椒(去蒂頭與籽) 1小根

g. 月桂葉 1片

h. 黑胡椒粒 1小匙

i. 蔬菜 合計約400g

j. 蒜頭(切片) 1片(依喜好添加)

作法：

1. 煮鍋中放入材料a～d，以小火加熱，待砂糖全部溶解後加入醋並關火。

2. 蔬菜切成適當大小，汆燙後放涼。準備一個乾淨的保存罐，將蔬菜與材料f～j放入罐中。

3. 將步驟1的汁液緩緩倒入步驟2的保存罐中。

4. 置於冰箱冷藏，隔天便可食用，保存期限約為兩週。

31

啜飲一口清甜的牛乳

日本乳業的二三事

銀座 BIGOT 法棍

法棍版法式吐司

BIGOT Bakery 銀座店

ビゴの店 銀座店

　法國諾曼第出生的Phillippe Bigot可説是日本法國麵包之父。1965年，他參加了一場在日本舉辦的展覽，實際表演如何製作法棍，因緣際會下留在日本推廣法國麵包，並於1972年於神戶芦屋開設了第一家「ビゴの店」，一生榮獲許多殊榮。

　BIGOT的法棍特色在於皮薄又脆，白胖胖的身子洞孔大，非常適合用來作French Toast，試過很多家法棍來製作，最終還是回到他們家的懷抱啊！

1	
2	3	4

1.銀座店位在Marronnier Gate銀座2館的B2F，許多高級餐廳也採用他們的法棍／2.除了法棍系列，多款鄉村麵包也很美味／3.各種歐式麵包很適合佐餐或是搭配紅酒、起司等／4.位於神戶芦屋的BIGOT本店，該店的小泡芙與迷你千層非常美味，很可惜銀座店沒有

BIGOT ⓖ ビゴの店

日本乳業的二三事
日本の牛乳の種類

在台灣要買到「北海道直送」的乳製品已不是難事，若一遊日本，平時難以入手的小農牛乳更值得一試；望著盒上密密麻麻的資訊，只需掌握幾個要點，依偏好挑選並不難。

● 種類別 **牛乳**：有此標示且註明「生乳100%使用」。其他如「成分調整牛乳、加工乳與乳飲料」等，皆含有其他乳製品或添加物等。

● **乳脂肪分**：夏季爽口、冬天濃郁是鮮乳的特性。台灣鮮乳的成分表上，脂肪所占比例多只標示「乳脂肪3.0%以上」；相較之下，日本會寫出3.6%、4.0%等更明確的「年平均值」。

● **殺菌**：日本約9成的鮮乳採用超高溫瞬間殺菌(130℃2秒間)，不過超市仍可買到高溫短時間殺菌(72～75℃15秒)或低溫保持殺菌(63～65℃30分)的牛奶，除保留較多營養成分，風味也更接近天然。

● **ノンホモ**：無均值化鮮乳，特色在於靜置後表面會浮著一層像鮮奶油的乳脂肪，可以用來加在咖啡、紅茶，或是塗抹於點心上享用，去脂後的牛奶則類似低脂鮮乳，亦可充分搖勻後同一般鮮乳享用。台灣較少見，值得一試。

1.每間超市會依據客群的屬性選品／2.部分百貨能買到來自岩手的なかほら牧場(中洞牧場)直送的牛乳

1.牛隻是原產於英國的Jersey乳牛，並在岩手奧中山高原飼養，高達4.4%的乳脂肪卻不會膩口／2.パスチャライズ泛指以100℃以下的食品加熱殺菌法，無均值化搭配72℃15秒的殺菌，是數款中最接近天然的牛乳／3.雖經過均值化，但以66℃加熱30分的方式殺菌，淡淡的甜味很順口。因低溫殺菌的牛奶較容易腐壞，買完後要儘速送進冰箱以維持品質／4.由那須高原的三位酪農家共同出品，強調採用非基因改造的飼料。雖以超高溫瞬間殺菌，但無均值化的製法讓上方仍保有一層「鮮奶油」／5.LIFE超市推出的產地與期間限定嚴選4.0牛乳，不僅香甜，也相對濃郁／6.以東京多摩地區為主要產地，每年12月～隔年2月是乳脂肪最高的季節，喝起來也特別濃郁

法棍版法式吐司
バタールでフレンチトースト

提起法式吐司，一般都是用吐司沾上蛋液去煎至焦黃，撒上糖粉淋上糖漿。但塔西卻喜歡利用空洞多的胖法棍來製作鹹口味的French Toast！

材料：2人份

a. 胖法棍 1 根

b. 牛奶 250～300mL

c. 雞蛋 3個

d. 鹽麴 10g 或 鹽巴 1/4小匙

e. 甘酒 5g 或 糖 1/2小匙

f. 橄欖油 1大匙

g. 菇類(種類隨喜) 2袋(約200g)

h. 巴薩米克醋(白)(白酒醋) 1小匙

i. 核桃、楓糖漿、培根、蒜末、鹽巴、黑胡椒、融化奶油 適量

 2
3
4

 2
3
4

作法：

1. 法棍以寬度4cm左右切成數段並放入附蓋保存盒中。

2. 將材料b～e放進碗裡拌勻，淋在麵包體上後蓋上蓋子放入冰箱。約2小時後取出，將麵包翻面，再度送入冰箱浸泡一個晚上。

3. 在烤盤上墊上烤盤紙，將吸飽蛋汁的法棍放入盤中，送進預熱至200℃的烤箱烘烤5分鐘。

4. 取出後於兩面皆塗上奶油，再續烤至兩面呈現金黃。

5. 熱鍋內放入橄欖油、培根與蒜末拌炒，加入菇類後以中大火快炒至水分收乾。

6. 灑上鹽巴與黑胡椒調味，熄火後加入巴薩米克醋拌炒均勻，上桌後可撒上核桃、淋上楓糖漿增添口感與甘味。

Tips：

1. 因每款法棍的氣孔會影響其吸收蛋液的多寡，可以依喜好增加牛奶的量。

2. 若喜歡起司濃郁的風味，步驟4也可加放起司一起烤。

3. 吸飽蛋汁的法棍還是能保有口感，是跟吐司版最大的不同之處。

4. 若懶得動鍋炒培根和菇菇，單撒一點糖粉再搭配嫩薑果醬也不賴(如果製作成甜的口味，記得省略材料d的鹽)。

32

以季節蔬果，
施展麵包師傅的魔法

栃木產有機草莓

Bakery: Manufacture（製造）in Asakusa

STUDIO M' 餐盤

starnet
スターネット

　栃木縣連續51年蟬聯日本草莓產量第一名，塔西適逢產季造訪栃木縣益子町，幸運的在選品店「starnet」購入東京少見的有機草莓。starnet販售的商品除了益子燒等生活雜貨之外，還有店家精選的食材與當地農家栽種的有機蔬果，也設有餐廳，非常值得一訪。

隔天一早前往購買有機草莓，店員竟貼心地問我們要不要在店裡享用，一盒350円的草莓卻讓我們備感尊榮

1.1998年在益子開業的starnet，是許多雜貨愛好者的朝聖地／2.店內有販售許多附近產地的食材、茶、蜂蜜、果醬等／3.餐廳的空間非常寬敞，窗外的景色更是讓人沉醉／4.寧靜的午後，在店裡悠哉地享用下午茶

starnet ⓘ starnet_mashiko 、ⓖ 益子 starnet

STUDIO M' 餐盤
スタジオ エムのプレート

　STUDIO M'有個有趣的系統，每個商品有張標示號碼的貼紙，透過對照表，便能清楚知道能否用於微波爐、烤箱或是瓦斯爐等，共有9個分類，尤其是陶器該注意的眉眉角角不少，建議使用前仔細確認。

　這兩款不同系列的餐盤，特別之處是可直接放在瓦斯爐上加熱，也適用於烤箱與微波爐，可說是非常萬用。陶器與瓷器或半瓷器的差別在於強度較弱、吸水性高，有些商品會做撥水(在釉藥中加入特殊撥水劑，能有上了一層防水膜的效果)加工處理，來避免容易染色或味道殘留的問題；若無特別處理，會建議購入後先進行一次「目止め」。

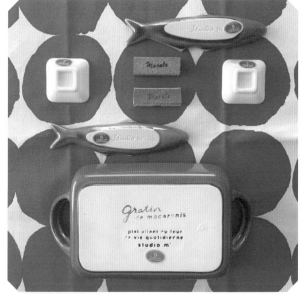

1.除了筷架，STUDIO M'的每個商品背後都有張標有號碼的貼紙／2.3.可以直接加熱的陶盤非常方便，煎完就能直接上餐桌

因土質特性，陶器的氣孔較大，「目止め」的目的是利用洗米水中的澱粉來填補這些孔洞，一來增加其強度，也可以預防染色與味道殘留。此外，使用前先泡水10分鐘左右也是方法之一；嫌麻煩的話，順其自然也是選項之一(笑)。

1.準備一個大鍋子，墊上抹布以防止水沸騰時杯盤與鍋子撞擊導致破裂／2.攪拌洗米水並將其倒入盆中至可覆蓋住整個食器／3.開中小火煮至沸騰後，將火侯控制在不至於沸騰冒泡的程度。煮約20分鐘後關火，冷卻後洗淨並讓它自然乾燥

Bakery: Manufacture(製造) in Asakusa

浅草にあるパン工場：マニュファクチュア

　Manufacture坐落在隅田川旁某舊大樓的3F，搭著小電梯上樓，映入眼簾的，彷彿是個小型麵包製造工廠，再往裡走，視野突然變得寬闊，檯子上從法棍、鄉村麵包到吐司、可頌、貝果等，還有融入當季食材的限定商品。以季節蔬果與葡萄乾等為原料製成的酵母，搭配日本產小麥，整個空間充滿了誘人的香氣，而它之所以開在這麼隱密的地點，要回溯到2006年開幕的KOJIMACHI CAFE。

　主廚松浦亞季的初心是「使用的材料盡可能手作，挑選食材時不輕易妥協」，並堅持用自家製麵包⋯⋯之後隨著不斷擴張，現有Factory與Manufacture兩家麵包專賣店，除了提供給自家餐廳與零售，也供應給餐廳和飯店。店主將Manufacture定義為「職人制手工業」，師傅們在一個宛如工廠的空間裡用心烤出一個個美味的麵包。

1.挑高的空間、一袋袋的麵粉，沒有過多的裝飾，的確有工廠風／2.從可頌、貝果、英式瑪芬到季節性商品，追求的是天天吃都不膩的穩定品質／3.店主在山梨縣的清里高原有自己的有機農場，除了用於餐廳與麵包店，店頭有時也販售少量的蔬菜／4.沿著隅田川散步，一個不小心就會錯過入口

Manufacture ⊙ epietriz_eatgood、ⓕ epietriz、ⓖ マニュファクチュア 浅草 ／ **SUKE6 DINER** ⓖ suke6 diner 浅草

| 1 | 2 | 4 |
| 3 | | 5 |

1.麵包店樓下的1～2F是同一個老闆的餐飲店「SUKE6 DINER」／2.3.挑高與用心設計的空間，在這裡用餐很舒服／4.麵包店就位在隅田川旁，櫻花季節很適合來散步／5.精心挑選過的食材與自家製麵包，讓他們的餐點相當有人氣

33

餘韻繚繞的

香料氣味

GOUTER de ROI 烤法棍餅乾

坦德里雞腿貝果三明治

GOUTER de ROI 烤法棍餅乾
ガトーラスクのグーテ・デ・ロワ

　1901年創業，戰後從和菓子店轉型成麵包店的GATEAU FESTA HARADA(ガトーフェスタ ハラダ)，利用賣剩的麵包做成的餅乾，竟意外成為人氣商品而帶起一陣風潮。

　充滿奶油的香，整體酥脆卻不過硬，上頭微量的砂糖更是替口感與味道加分；再加上選擇非常多樣，也難怪每到日本的送禮季節，百貨公司的專櫃總是大排長龍！

除了標準版，也推出了奶油減量版，一片只有22大卡，更能品嘗到小麥的香氣

1.銀座松屋店／2.日本人最愛的白巧克力版(10～5月下旬販售)，但塔西覺得好甜啊／3.頂級巧克力版(11～4月下旬販售)，這款除了巧克力的甜味還能嘗到可可的香味、酸味與苦味，難怪會被冠以「頂級」之名／4.起司版(6月上旬～9月下旬)，在法國麵包裡加進了三種起司，很適合放上橄欖、火腿等當成小點心，再來杯紅酒更完美

GATEAU FESTA HARADA ⓖ GATEAU FESTA HARADA

在東京享用各式各樣的咖哩料理
東京には多種多様なカレーを楽しめる

日本於明治時期開始接受西洋文化，當時由殖民地印度傳入英國的咖哩被誤認為是英國的料理，陰錯陽差之下咖哩在日本被定位為「洋食」。經不斷改良，日式咖哩自成一格，不僅是日本家庭料理的定番，全國各地更是利用當地特產研發出各式「ご当地カレー」，如北海道特有的湯咖哩，已成為日本飲食文化中不可或缺的一部分。

不過日本人對咖哩的愛可不僅限於日式咖哩，除了較普遍的印度、泰國、越南之外，甚至還有斯里蘭卡咖哩專賣店。印度人、尼泊爾人經營的餐廳多到你不知如何選起，但也不乏前往當地取經後回國開店的日本店主；除了對香料研究透徹，有些甚至會搭配日本特有食材，意想不到的組合卻有著美妙的滋味。如果你也著迷於充滿魔法香料的咖哩，來日本可千萬別錯過大街小巷裡的咖哩專賣店。

1.超市的咖哩包專區，真是琳瑯滿目／2.日本獨創的「藥膳湯咖哩」／3.日本的印度餐廳非常多，午餐時段都能以日幣千円左右享受到印度美食

TAMBOURIN CURRY & BAR 🐦 TAMBOURIN CURRY&BAR ／ spice cafe 🅕スパイスカフェ、🅘スパイスカフェ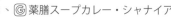

薬膳スープカレー・シャナイア 🅕 yakuzenshania、🐦 薬膳スープカレー・シャナイア 、🅘薬膳スープカレー・シャナイア

			7
1		4	
2			
3	5	6	

1.spice cafe：在印度修業過的老闆對香料研究得非常透徹，透過日本人獨到的感性所呈現出的，是不同於傳統印度咖哩的一皿／2.SANTOSHAM：日劇《孤獨美食家》播出之後就一位難求的「三燈社」，提供的是沒有南餅的南印度料理／3.Dhaba India：南印度料理名店，每次去都高朋滿座／4.TAMBOURIN CURRY & BAR：非常特別又少見的「斯里蘭卡」式咖哩／5.ビリヤニ食堂：印度香料飯因製作費工，許多餐廳不僅採預約制，還限定兩人份以上。厲害的日本人把它化身為「定食」，還能挑選主食（雞肉、魚肉等），即便一個人也能大啖印度香料飯／6.美味又不甜膩的印度香料奶茶／7.無印良品的咖哩系列廣受好評，許多咖哩迷都戲稱無印良品快成了咖哩屋

SANTOSHAM Ⓘ santosham3、Ⓕ santosham0、Ⓖ 南インド 三燈

Dhaba India Ⓕ 南インド料理ダバ - インディア、Ⓖ 南インド料理 - ダバ - インディア

坦德里雞腿貝果三明治
タンドリーチキンと玉子のベーグルサンド

　　扎實的貝果夾著萵苣、小茴香蛋沙拉、坦德里雞腿與滿滿的香菜，在家也能享受異國風的早午餐。如果覺得準備坦德里雞肉醃料麻煩又買不到市售商品，僅用風味絕佳的小茴香蛋沙拉單獨搭配吐司，也是很不錯的選擇喔！

材料：2人份

a. 水煮蛋 2顆

b. 奶油 10g

c. 小茴香籽*(Cumin Seed) 1/2～1小匙

d. 鹽巴、黑胡椒、香菜 適量

*因茴香家族龐大，選擇自己喜歡或是手邊就
　有的種類即可，用量也可依喜好增減

Tips：

1.原味、全麥或是核桃貝果都很適合製作成這款三明治。

2.無印良品推出的坦德里雞肉醃料醬包，非常方便又夠味。

1	4
2	5
3	

作法：

1. 將水煮蛋的蛋白與蛋黃分開，用刀子將蛋白切碎，蛋黃則以叉子壓碎。

2. 小鍋或小型平底鍋中放入奶油，煮至奶油融化後放入小茴香籽。

3. 待小茴香籽的香味漸漸散發出來，幾乎變成奶油炸茴香籽(開始出現噗滋噗滋的聲音)的狀態時便能關火。

4. 將步驟1與3放入碗中，以些許鹽巴和黑胡椒調味(如果用的是有鹽奶油，這邊可以省去鹽巴)。

5. 放上香菜，簡單的蛋沙拉就能有異國風。

34

傳承半世紀的羊羹物語

工房アイザワ不鏽鋼茶壺

虎屋羊羹東京車站限定版

檸檬鮭魚佐鮮美玉米

檸檬鮭魚佐鮮美玉米
鮭ととうもろこしの一品

利用鹽麴醃漬鮭魚，將其煎得外酥內嫩後，搭配口感十足的玉米粒與其他綠色蔬菜，在家也能享用餐廳級的早午餐。新鮮玉米粒用少量的水與些微鹽巴蒸煮5～7分鐘將水瀝乾，加入些許薑泥、蔥末、檸檬汁與切末的青椒，最後以芝麻香油與鹽巴調味。

作法：

1.先將玉米以外的材料準備好。

2.玉米蒸煮完畢之後，瀝乾水分趁熱跟其他材料一起混勻。

3.裝盤後再放上鮭魚與檸檬片，薑泥有提味的效果，很清爽。

Tips：

如果買得到獅子唐辛子(ししとうがらし)，也可以用來取代青椒，會有不同風味。

工房アイザワ不鏽鋼茶壺
ブラックピーマン ストレートポット

新潟縣燕市所生產的不鏽鋼、銀器、銅器等金屬相關商品以高品質聞名，如佐藤商事的柳宗理設計系列、GLOBAL刀具等品牌更是享譽國際，而「工房アイザワ」便是於1922年創立於此。

創業之初便以兼具「機能性」與「美感」為其製作商品的宗旨，推出的不鏽鋼便當盒不僅是日本的始祖，更是他們的定番商品；此外，從廚房角落的各式小道具、瓦斯爐上的鍋具，到餐桌上的用品，每一樣都是那麼樣的簡單、俐落卻又具實用性，忍不住一樣接著一樣買啊！

同樣來自新潟燕市的GLOBAL
不鏽鋼刀具(吉田金屬工業)

1.不鏽鋼本體與孟宗竹把手的搭配非常特別／2.不知不覺家裡也累積了不少アイザワ工房的商品／3.柳宗理的鍋具已經用了快20年，不鏽鋼盆更是做戚風與平時做菜的好幫手

工房アイザワ ⑥工房アイザワ

虎屋羊羹東京車站限定版
TORAYA TOKYO の小形羊羹 夜の梅

　　始於京都的虎屋是有將近500年歷史的和菓子老店，1635年開始供奉數種點心給京都御所，1869年天皇遷都，虎屋也同時進軍東京；而為了推廣日本文化與和菓子，也於1980年在巴黎開設了第一間海外分店。

　　除了百貨公司裡的櫃位，亦有供內用的店鋪；其中位於THE TOKYO STATION HOTEL 2F的TORAYA TOKYO，不僅有提供餐點，還能享用到巴黎或其他系列店鋪限定的點心。最特別的是能買到印有法國藝術家Philippe Weisbecker繪製的東京車站圖之包裝的經典羊羹，喜歡東京車站設計的人不可錯過啊！

耗資500億日幣，歷經5年半的工程，精心復原的東京車站很值得一訪

1.為了這個盒子，怎麼樣都要來一趟東京車站買羊羹／2.虎屋的代表作：「夜の梅」，紅豆的風味、適度的甜味與天然的系寒天所調製出的硬度，不虧是羊羹中的極品／3.春季限定草莓口味，微酸的草莓味搭配傳統紅豆餡，出乎意料地和諧／4.除了原味還有多種口味可以選購，很喜歡蘭姆酒葡萄口味

虎屋 ⓘ toraya.wagashi、ⓕ 虎屋 jp ／ TORAYA TOKYO ⓖ toraya Tokyo jp

日本發酵食品之源：麴／糀

　　從大家耳熟能詳的味噌、納豆、味醂、日本酒，到台灣知名度未開的甘酒、糠漬(米糠醬菜)與近幾年引起注目的鹽麴等，日本自古以來就是發酵食品大國。字面上「麴」較為廣義，指的是以米、麥或大豆等原料，加上麴菌來繁殖，而「糀」則是專指以米為原料。

　　麴菌可以讓肉質更加軟嫩、引出食材的鮮甜、延長食品的保存之外，還能促進代謝與消化，這也就是日本人熱衷於發酵食品的原因。

　　雖說市面上有許多現成商品，不過天然無添加物的索價不菲，以作為日常調味料來說成本還是稍高。其實在日本一般超市或是某些日本酒專賣店就可以購得「米麴」，不僅可以節省費用與行李的重量，而且在家自己動手製作「無添加」的鹽麴與甘酒一點也不困難！

鹽麴與甘酒很常被擺在同一區的冷藏架上，「甘酒」通常商品較多，也比較醒目

福光屋 ⓘ fukumitsuya_official、ⓕ 福光屋、ⓖ 福光屋　／伊勢惣 ⓖ 伊勢惣

1.來自金澤的「福光屋」是日本酒製造商,在東京也有數間直營店可以買到品質很好的乾燥麴／2.「こうじ」就是「麴」的日文寫法,這款是在一般超市最常見的乾燥こうじ／3.不管是鹽麴還是甘酒,都靠這一包

鹽麴製作方法

　　購入「麴」之後如何把它變成鹽麴呢？只需準備容量750mL以上，附蓋的玻璃或是琺瑯器皿與乾淨的湯匙就可以輕鬆完成，快來看看怎麼做吧！

材料：便於製作的量

a. 麴 250g

b. 鹽 75g

c. 水 300mL

作法：

1. 器皿中加入250g的麴與75g的鹽，並用湯匙混勻。

2. 緩緩加入300mL的水並再度攪拌。

3. 攪拌均勻後將蓋子輕放在容器上但不需蓋緊，置於陰暗處，每天以乾淨的湯匙攪拌促進發酵。待整體呈現稠狀(春夏天約5～7天，秋冬天約7～10天)就大功告成囉！如果不喜歡有米粒殘留感，可以用攪拌器打至整體成糊狀亦可，冷藏可保存約半年。

Tips：

只要掌握麴：鹽：水的比例1：0.3：1.2，喜歡做多少量都可以。

1

2

3

滋養美顏，被稱為飲用點滴的甘酒

在日本超市的常溫飲品區或是冷藏架上、新年的祭典、溫泉地的茶屋等，「甘酒」可說是不可或缺的一員。它到底是不是酒？喝起來又是什麼滋味呢？

其實甘酒分為兩種，一種是以「酒粕」，另一則是以「米麴」為主要原料。酒粕是製作清酒時的副產物，所以本身已經是發酵產品且帶有酒精成分，以此為原料的甘酒含有非常少量的酒精，類似台灣的酒釀，並會添加砂糖做為甜味來源。另一種以米、米麴為原料的甘酒，透過發酵作用所產生的甜味天然又溫和，也不含酒精與砂糖。

米麴的製作過程需注意溫度的控制與長時間的發酵，相對來說價格較高，商品外也多會特別強調是以米麴為原料。兩者在營養價值與美容上的效果相去不遠，端看個人在口味上的喜好以及價格上的取捨。

1	
2	
3	4	5

1.一般超市冷藏架上就有很多現成的甘酒／2.酒粕是製作清酒的副產物，釀日本酒的時期為12～3月，也比較容易在超市看到「新鮮酒粕」的蹤跡／3.福光屋的板酒粕，如果喜歡酒釀風的甘酒，便可以用酒粕製作甘酒／4.5.直接加水就可立即享受的檸檬甘酒也很方便

米麴甘酒製作方法（達人版）

　　曾在電視上看到達人介紹濃縮版甘酒的作法，雖然全程約要花上11小時左右，但整體的甘甜味讓人回味無窮，濃稠度也非一般可比擬，少量就能享受到自然的甘甜，非常值得一試。

加了糯米製作的甘酒，濃稠度跟甜度都增加許多。

材料：便於製作的量

a. 米麴　250g

b. 糯米　2杯(300g)

c. 水　約580mL

作法：

1. 糯米洗淨後加入580mL的水，以白米模式煮熟。

2. 開蓋攪拌使其降溫至70℃以下。

3. 將乾燥麴倒入步驟2中，並與糯米攪拌均勻。

4. 確定溫度落在50～60℃這個區間。

5. 取一塊乾淨的布沖水擰乾，將布邊塞在內鍋與鍋身之間使其固定(亦可利用長尾夾等將布固定在內鍋上)。

6. 利用物品壓在電子鍋鍋蓋上使其不要完全蓋上，透過「保溫」模式來維持溫度以促使發酵。

7. 每1小時用橡皮刮刀或湯匙等稍微翻拌，並用溫度計測量確保溫度落在50～60℃之間，若溫度過高，可翻拌至溫度回到該範圍，並調整「開蓋」的程度以免溫度持續上升。

8. 4小時後的狀態。

9. 6小時後的狀態。

10. 8小時後的狀態。

11. 保溫10小時後就大功告成啦！

12. 盛裝在保存罐中，冷藏可保存2週，冷凍可保存1個月。冷凍只會呈冰沙狀，輕鬆就能用湯匙取出使用，非常方便。

米麴甘酒製作方法（簡易版）

　　達人版製作過程較為費時，還需準備糯米，如果覺得麻煩，建議先嘗試簡易版作法。每款米麴建議的用量不同，比方福光屋的米麴與溫水(50～60℃)比例為1：3，超市購入的伊勢惣則為1：2。如果購得沒有建議比例的商品，可依自己喜歡的濃度做調整。

　　飲用方式除了加溫水、冰水或氣泡水直接喝，還可以搭配優格、牛奶、豆漿，或是直接取代砂糖拿來料理或做點心，非常萬用。

材料：便於製作的量

a. 米麴　100g

b. 50～60℃的溫水　300mL

作法：

1. 將材料a、b放入附蓋耐熱器皿中，以乾淨的湯匙攪拌後，蓋上蓋子放入電子鍋內鍋，並在內鍋注入60℃的溫水(分量外)至器皿的八分高。

2. 利用物品壓在電子鍋鍋蓋上使其不要完全蓋上，按下「保溫」模式來維持溫度以促使發酵。

3. 每1～2小時稍微攪拌並用溫度計測量溫度，約5小時後就完成囉！

Tips：

步驟3的溫控是製作甘酒時極為重要的一環，建議維持在50～60℃(低於50℃無法促進發酵，超過60℃會讓酵母失去活力)。

私釀梅酒，越陳越香

日本人從江戶後期開始推廣種植梅樹並發展釀梅干、梅酒等加工文化，因製法簡單，很多家庭會自製梅酒，只不過當時法律上並不允許私家釀酒。直到1962年日本修改酒稅法後才解禁，自此帶起了一股果實酒風潮。

市售梅酒的品牌和種類非常多，但大部分對塔西來説都有點偏甜或淡；因緣際會在2009年開始釀了第一瓶梅酒之後，就展開了我的梅酒人生(笑)。現在每年都會釀12L左右的梅酒，自飲與同歡兩相宜，還會留一些存放，因為梅酒真的是越陳越香呢！

台灣的梅子季約從3月下旬開始，比日本的6月上旬早很多。每年收到農家要出貨的信，就會趕緊看天氣預報，祈禱在梅雨季節裡能賞我一天好天氣，曬曬我的青梅。廢話不多説，快來看看怎麼釀梅酒吧！

材料：青梅：酒：糖=1：1.8：0.6～0.8

a. 青梅 1kg

b. 酒精濃度35%以上之酒類 1.8L

c. 冰糖(砂糖、黑糖或蜂蜜) 600～800g

Tips：

1. 果實越大顆，富含的青梅酵素越多。果實青、果肉硬的青梅，其酸味較強，釀出來的梅酒有著明顯的梅子風味，不易失敗的優點很推薦給新手；熟度微增，顏色帶點綠黃色的梅子釀出來的梅酒，酸味稍降，口感也較為溫順；至於完熟的梅子，酸味更低，甜度偏高，但有可能因為梅子過熟導致內部果肉狀況不佳而失敗，須小心照料。

2. 步驟4中至少要準備4L容量的空瓶，釀酒過程會產生氣體，不建議用容量剛剛好的瓶子。想嘗試不同配方可準備多個容量小一點的來釀。

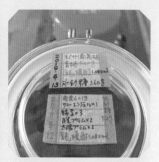

1	4	7
2	5	8
3	6	9

作法：

1. 仔細將每顆梅子洗淨，將青梅泡水4小時左右。

2. 泡過水的青梅再度沖洗過並擦乾，放置到可以曬得到太陽的地方曬約2～3小時。

3. 利用竹籤或牙籤等將青梅的蒂頭去除(新鮮的青梅其蒂頭與果實較為緊密，若有金屬的穿刺物會更好用)。

4. 準備容量4L的乾淨空瓶，並以食用酒精消毒。

5. 將青梅和砂糖以層層交疊的方式放入罐中。

6. 將酒緩緩倒入瓶中，蓋上蓋子就大功告成了。

7. 因為塔西每年都會「存酒」，再加上用了不同配方，所以都會貼上紙膠帶並註明年分、材料與比例，方便之後可以做比較。

8. 放置在陰涼處，三不五時搖晃一下瓶身讓糖能與酒均勻混合，偶而可開蓋讓空氣流通。

9. 一般是說6個月左右可以開始飲用，不過塔西覺得半年的味道還太嗆，通常都等釀一年才開喝。由左而右分別為燒酒＋冰糖、白蘭地＋冰糖、加了李子版本。顏色、風味各有特色，依心情選酒喝。

1	4
2	5
3	

1.數年前在電視上看到釀梅酒達人的私家配方，建議可在盛夏加入等量的李子與相對應比例(同青梅版本)的酒與冰糖／2.有李子的版本非常美味，現在都會將幾罐特地預留一半的空間給各式李子／3.加了等量的李子、冰糖與酒，顏色也開始有了變化／4.除了日本的蒸餾酒，塔西也用過伏特加、威士忌等，各有不同風味，都可以嘗試看看自己最喜歡哪一種／5.2012年釀的梅酒，真的是越陳越香啊

東京**食器**‧料理‧**好店**手帖

作 者 塔西(Tarcy)
總 編 輯 張芳玲
企劃構思 張芳玲
主責編輯 翁湘惟
封面設計 許志忠
美術設計 許志忠

太雅出版社
TEL：(02)2882-0755 FAX：(02)2882-1500
E-MAIL：taiya@morningstar.com.tw
郵政信箱：台北市郵政53-1291號信箱
太雅網址：http://taiya.morningstar.com.tw
購書網址：http://www.morningstar.com.tw
讀者專線：(04)2359-5819 分機230

出 版 者 太雅出版有限公司
台北市11167劍潭路13號2樓
行政院新聞局局版台業字第五○○四號

總 經 銷 知己圖書股份有限公司
台北：106台北市辛亥路一段30號9樓
TEL：(02)2367-2044 / 2367-2047 FAX：(02)2363-5741
網路書店：http://www.morningstar.com.tw
郵政劃撥：15060393 戶名：知己圖書股份有限公司

法律顧問 陳思成律師

印 刷 上好印刷股份有限公司 TEL：(04)2315-0280
裝 訂 大和精緻製訂股份有限公司 TEL：(04)2311-0221

初 版 西元2020年09月01日
定 價 420元
(本書如有破損或缺頁，退換書請寄至：台中市西屯區工業30路1號 太雅出版倉儲部收)

ISBN 978-986-336-401-6
Published by TAIYA Publishing Co.,Ltd.
Printed in Taiwan

國家圖書館出版品預行編目(CIP)資料

東京食器.料理.好店手帖／塔西(Tarcy)作
— 初版. — 臺北市：太雅，2020. 09
面； 公分 . —（生活良品；82）
ISBN 978-986-336-401-6（平裝）
1.旅遊 2.餐飲業 3.日本東京都
731.72609 109009111

填線上回函,送 "好禮"

感謝你購買太雅旅遊書籍!填寫線上讀者回函,好康多多,並可收到太雅電子報、新書及講座資訊。

好康 1

每單數月抽10位,送珍藏版
「祝福徽章」

方法:掃QR Code,填寫線上讀者回函,就有機會獲得珍藏版祝福徽章一份。

好康 2

填修訂情報,就送精選
「好書一本」

方法:填寫線上讀者回函,並提供使用本書後的修訂情報,經查證無誤,就送太雅精選好書一本 (書單詳見回函網站)。

* 同時享有「好康1」的抽獎機會

東京食器・料理・好店手帖

https://reurl.cc/NjW22Q

太雅部落格 http://taiya.morningstar.com.tw　　　有行動力的旅行,從太雅出版社開始